J'ose pas,
je suis trop timide

Emmanuelle Rigon

J'ose pas je suis trop timide

S'affirmer est un jeu d'enfant

Albin Michel

Collection « Questions de parents »
dirigée par Mahaut-Mathilde Nobécourt

À mes enfants,
audace et trésor de ma vie.

Sommaire

Introduction

« Je n'ose pas... Je suis trop timide... », « Maman, j'ai peur... », « Je ne sais pas faire »...

Mais qu'est-ce qu'il a, cet enfant ? On le rêvait fort, audacieux, plein d'espoirs de conquête... et le voilà effarouché, en retrait, préférant l'abri du foyer à l'ivresse de l'aventure. À l'école, avec les autres, il est si réservé, « effacé », dit la maîtresse. Et si, comme il le dit lui-même, il était timide ?

Ce manque d'affirmation de soi n'est pas toujours considéré comme un problème psychologique motivant une consultation à lui tout seul. Et pourtant ! Il s'agit pour bien des enfants d'un fléau. Car la timidité ne se limite pas à inhiber l'enfant, elle peut le priver de sa liberté d'expression, si fondamentale pour édifier sa personnalité. Sans compter les blocages qu'elle entraîne et qui ont, par eux-mêmes, des conséquences bien gênantes : ainsi se développent parfois un malaise relationnel, de l'isolement, un inconfort dans les situations de performance, voire de véritables phobies sociales ou des troubles physiques importants.

Dans cette situation, les parents se retrouvent souvent très démunis : « Qu'est-ce que j'ai fait ? Qu'est-ce que je n'ai pas fait ? Pourquoi ai-je un enfant si mal dans sa peau ? Comment l'en sortir ? »

Il est souvent bien plus délicat d'élever un enfant timide

qu'un turbulent bouillonnant. D'autant que, si la psychologie actuelle fait la part belle aux réflexions sur le « développement personnel », peu de travaux se consacrent à l'affirmation de soi des enfants. Or, même si l'inhibition de la personnalité reste souvent dissimulée derrière ce qui n'apparaît encore que comme un simple trait de caractère, la timidité met en sommeil ce qui fait l'originalité d'un enfant, gomme ses particularités. Elle concerne sa manière d'exister, sa façon d'être au monde. La route de la vie n'est pas si aisée à suivre : les échecs de certains échanges, ajoutés parfois à une pression inconsciente trop forte, ont vite fait de fragiliser l'affirmation de soi. Pour s'emparer de la vie, il faut savoir oser.

Face à cet enjeu d'importance, comment faire pour que l'enfant accepte, rassuré et confiant, de sortir de sa coquille ?

Les parents sont les premiers à pouvoir amener leur enfant à se poser autrement dans l'existence. De manière plus libre, plus détendue, plus heureuse.

1

Les étapes de l'affirmation de soi

Sécurité et amour de soi

S'affirmer, c'est un long chemin, qui commence dès les premiers moments de vie. Un enfant se construit peu à peu, de manière imperceptible, à travers les rencontres entre soi et le monde extérieur et par la maturation psychologique.

L'affirmation de soi, c'est un peu la colonne vertébrale de la personnalité de l'enfant, puis plus tard de l'adulte. Cette solidité n'est pas constante, mais, si elle est bien ébauchée dans l'enfance, elle permettra à l'adulte de redevenir confiant et sûr de lui-même après des passages difficiles.

Comme pour bien d'autres traits de personnalité, l'importance des premiers mois est cruciale. La façon dont le bébé va faire son entrée dans le monde, plus ou moins assuré et soutenu par son entourage, est déterminante pour son avenir.

□ Le sentiment de sécurité

C'est surtout à travers un ressenti de sécurité que le bébé va dépasser ses inhibitions et partir à la conquête de son espace. Il va ainsi accepter de « rencontrer » les autres.

Pour acquérir ce sentiment de sécurité interne, le bébé

va passer par plusieurs étapes. Il va commencer par prendre conscience de son existence comme un être à part entière. En effet, à la naissance, le sentiment d'indifférenciation domine : le nouveau-né se vit encore pour un temps comme une partie de ce qui l'entoure. Il traverse en particulier une situation fusionnelle avec sa mère.

Prisca, 3 mois, ne pouvait s'endormir que couchée à plat ventre, aplatie sur sa mère à demi allongée dans un fauteuil. Quand elle se trouvait ainsi, collée sur sa mère, le nez dans l'odeur de celle-ci, son impression de béatitude faisait plaisir à voir. Pouvait-il y avoir situation plus sécurisante ? Par cette position de préparation au sommeil très fusionnelle mais parfaitement normale à cet âge, Prisca retrouvait-elle des souvenirs de sa vie intra-utérine ?
Quelques semaines après, elle était tout à fait capable de s'endormir aussi dans son berceau. Ces quelques mois, durant lesquels Prisca a emmagasiné de la chaleur et du contact maternels, ont sans doute été déterminants pour son sentiment de sécurité interne.

Si l'on ne peut pas vraiment parler d'inhibition à ce stade, il est vrai que certains bébés sont déjà plus apeurés que d'autres. Pas assez rassurés, ils montrent un certain retrait vis-à-vis de l'extérieur, réagissent mal au moindre bruit, refusent la nouveauté.

Le monde est bien grand et impressionnant pour le bébé qui s'y trouve projeté. Dès le début, la fonction principale de ses parents va être de lui donner l'envie et les moyens d'aller plus avant dans sa découverte. Médiateurs et traducteurs, ils lui ménagent l'accès à ce qui lui est nécessaire ou plaisant dans son environnement matériel. Ils lui permettent aussi la découverte d'une sensation tactile, ou d'un son harmonieux.

Un tout-petit à qui on n'explique rien finit par s'y faire, mais à quel prix ! Il se construit parfois des interprétations fausses sur des situations qui demeurent à tort effrayantes. Accompagner son bébé, cela veut dire permettre, en les dosant, les découvertes et les changements. Mais surtout, surtout, mettre, dès les premiers mois, des mots sur ce qui se passe. Bien sûr, un parent ne peut éloigner en totalité tout ce qui peut impressionner son enfant. Il ne saurait anticiper sur des situations qui, à sa grande surprise, vont soudain le désarçonner et le pousser au repli. C'est pour cela que les mots restent des sources sûres pour lui expliquer, le rassurer, minimiser l'événement. Ainsi, à la prochaine « mauvaise rencontre », le risque d'inhibition sera limité.

Dès le départ, l'enfant a commencé à mettre en place ses limites corporelles. Il entre de plus en plus clairement dans une phase de différenciation d'avec sa mère et par rapport au monde qui l'entoure. La manière dont il prend contact avec son environnement est fondamentale. C'est en grande partie là que son aisance corporelle ultérieure ou au contraire son complexe physique puise son origine.

Cette prise de contact peut être ponctuellement désagréable : c'est inévitable. Mais c'est surtout le caractère intense et répété des mauvaises expériences qui est marquant. Et qui, à la longue, peut positionner le petit enfant dans un vécu craintif du monde extérieur. C'est d'autant plus vrai si peu de mots ou de gestes ont été mis autour de ces moments inconfortables.

Inévitablement aussi, l'enfant est amené à supporter des séparations. L'incapacité d'un tout-petit à se sentir bien et rassuré lorsqu'il est laissé seul quelques instants est une des origines de la dépendance sociale qui accompagne bien des timidités.

Victor est un bébé de 11 mois souriant et éveillé, mais il éprouve de grandes difficultés à rester dans son lit, même très peu de

temps, lorsqu'il est réveillé. Il réclame une présence immédiate, sinon c'est le drame.
De même, s'il commence à pouvoir jouer seul, l'accompagnement semble lui être nécessaire pour construire le début d'un jeu d'empilage, par exemple. S'il n'y a pas d'adulte à côté de lui, il peine à s'intéresser aux objets, il ne joue pas, il s'impatiente, s'énerve, pleure, semble perdu. Certes, il est petit, mais la solitude est déjà pour lui un empêchement à se réaliser dans une activité.

Beaucoup d'enfants, et ensuite d'adultes, souffrent de cette incapacité à faire quelque chose s'ils ne sont pas accompagnés. Leur capacité à être seuls peut avoir été empêchée par une hyperprotection parentale. Ou, au contraire, par trop de séparations sans préparation ni accompagnement. Dans les deux cas, l'enfant n'ose pas agir seul car une peur profonde, qu'il identifie souvent mal, l'empêche de se sentir bien et d'assumer ses initiatives.

□ Le narcissisme est fondateur

Le narcissisme prend parfois une nuance péjorative dans le langage psy vulgarisé. Pourtant, c'est une composante de la personnalité qui va constituer chez le tout-petit une des bases de la confiance.

Comment se sentir quelqu'un, éprouver son existence, si l'on n'a pas, dès le début de sa vie, appris à s'aimer un minimum ? L'amour de soi, chez le bébé, est une donnée capitale pour une bonne croissance psychique. Il l'aide à dépasser certaines inhibitions et à aller vers les autres avec plus d'assurance. Mais comment le narcissisme vient-il à l'enfant ?

Le bébé, qui, nous l'avons vu, se considère au départ comme indifférencié, prend peu à peu conscience qu'il est un être à part entière. Avant d'investir l'autre, ou en tout cas parallèlement, il va devoir s'accepter lui-même comme objet d'amour. L'apparent état de retrait qui caractérise cette phase de son développement, marquée par des balancements, des suçotements, babillages et autres comportements qualifiés d'autoérotiques, l'amène à quitter sa « timidité primaire ». Ce n'est qu'ensuite qu'il peut se tourner vers l'autre avec confiance, dans la perspective d'établir une relation gratifiante.

Cet amour de soi est aussi une roue de secours psychoaffective. En cas de désillusion, de mauvais échange, l'enfant peut se réfugier dans cet état narcissique où il puise un certain réconfort par le biais de l'attention qu'il se porte à lui-même.

Magueline, 15 mois, a fait son entrée à la crèche dans le service des « grands ». Pour des raisons de place, elle côtoie des enfants plus âgés qu'elle, plus vigoureux et sûrs d'eux.
Après une expérience désagréable, un jouet arraché de ses mains ou une bousculade un peu musclée, Magueline, au lieu de pleurer, se réfugie dans le « coin poupées » de la crèche. Là, assise en tailleur, elle se berce quelques instants en chantonnant, le regard rêveur. Loin d'être inquiétant, car Magueline est par ailleurs une petite fille heureuse et vive, ce comportement traduit le recours au narcissisme consolateur. Comme elle a emmagasiné de bonnes sensations, elle peut mieux faire face à des frustrations dans la réalité.

Même si cette attitude narcissique paraît fermée, elle constitue un système de sauvegarde de soi qui consolide l'idée qu'un échange est possible, à partir du sentiment de sa propre valeur. Ce moment d'établissement du narcissisme est d'ailleurs une époque généralement éprouvée comme très satisfaisante par le bébé. En effet, il vit avec délice les trajets entre des relations extérieures de plus en plus étendues et un retour sur soi qui l'apaise et satisfait ses pulsions internes. Plus tard, il gardera une certaine mémoire inconsciente de cette époque : cela lui facilitera, entre autres, la levée d'inhibitions devant la peur d'un échec relationnel.

Le narcissisme permet en outre de maintenir une structuration cohérente, une stabilité dans le temps et une idée de soi à tonalité positive. Pour certains psychanalystes, il serait même le support de l'identité : cela montre bien toute son importance en ce qui concerne l'affirmation de soi.

□ Tout est rond, tout est bouche : le stade de l'oralité

Dans la première année de vie du bébé, les désirs sont nombreux, parfois violents et souvent démesurés, tant la relation aux autres est encore immature. C'est à ce moment que le narcissisme vient l'aider à ne pas se décourager, tout simplement en lui permettant de se satisfaire lui-même en cas de déception – et celles-ci sont nombreuses pour un bébé confronté au monde extérieur ! Par ce biais, il va plus facilement reconstruire sa toute-puissance mise à mal lors des différentes frustrations rencontrées.

Que peut-il faire ? Eh bien, par exemple, sucer son pouce pour se consoler du sein de maman parti trop tôt à son goût, ou se bercer en lieu et place de bras maternants momentanément absents...

S'opposer donne naissance à l'identité

Cependant, l'amour de soi, le sentiment de sécurité ne suffisent pas à donner place à quelqu'un d'affirmé. Succédant au stade oral où portage, bercement, succion et nourrissage par tétée étaient primordiaux, survient, vers 15 mois, ce que la psychanalyse qualifie de stade anal. C'est le moment de l'opposition, autre étape clé pour l'affirmation de soi.

À ce stade de l'opposition, qui atteint son point culminant à l'âge de 2 ans, le bébé va se sentir exister en tant que personne. Souvent, il va user, voire abuser, de son nouveau sentiment de puissance et même, s'imagine-t-il, de toute-puissance. En effet, à cet âge, il devient capable de faire et de maîtriser beaucoup de choses : il sait marcher, courir, sauter, grimper, attraper... il est propre ou il s'intéresse à la question, il parle de mieux en mieux, il sait manger seul. Le vertige de la liberté et de l'autonomie le fait vibrer et il a tendance à vouloir être « le maître du monde ».

□ Moments de crise

Le jeune enfant est fasciné par la manipulation, au sens propre comme au sens figuré. De fait, ses jeux sont plus physiques et, quand quelque chose ou quelqu'un se met en travers de son chemin vers la réalisation, il n'est pas du tout content. Les colères sont bien sûr la manifestation de ce stade anal. Les limites ne sont pas faciles à poser et à maintenir, surtout quand on est le parent d'un premier enfant !

> Lucas a commencé les colères très tôt, vers 13 mois, surprenant ses parents qui ne s'attendaient pas chez leur bébé auparavant si calme à un tel déferlement ! Il passe tout à la moulinette de ses cris et larmes de mécontentement, et il est difficile de s'y retrouver. S'agit-il d'une angoisse authentique ou d'un « caprice » pour obtenir une faveur ?
>
> Ce mode d'expression est parfois une véritable démarche d'affirmation de soi, relativement structurée. Lucas marque par exemple clairement son désaccord quand son père lui fait quitter le parc de jeux. Mais il peut aussi se mettre dans tous ses états parce que sa maman a ôté l'emballage de la sucette alors que Lucas voulait le faire, lui...

Qu'ils soient bénins ou majeurs, à travers ces moments de crise, l'enfant établit des repères importants pour sa future personnalité. Son affirmation de lui-même en est à ses prémices. Mais ces premières expériences de confrontation avec ses propres capacités et le monde environnant vont beaucoup participer à forger l'idée qu'il aura de lui-même.

Les colères

« Il ne fait jamais de colère. » Certains enfants, d'après leurs parents, n'en font pas, ou n'en ont jamais fait. C'est un peu surprenant, car ces moments d'expression de la frustration, comme la frustration elle-même, sont des incontournables dans la vie d'un jeune enfant !

Ou alors les limites sont si peu posées qu'effectivement les parents s'ingénient à tout passer à leur petit, pourvu que l'explosion de colère n'arrive pas. Ils considèrent, à tort, que ce serait le signe de leur échec dans la relation : ils auraient l'impression de prendre le risque que leur enfant ne les aime plus...

Dès qu'Anne Claire, petite fille irritable de 2 ans, émet la moindre protestation, ses parents modifient leur attitude de manière à ne pas la contrarier. Telle les princesses pourries gâtées du conte *Cendrillon*, c'est Anne Claire qui décide qui, de papa ou maman, lui donne le bain ou la fait manger. Elle dirige également les opérations pour le coucher, choisissant quasiment l'heure d'aller dormir ou faisant un chantage pour aller dans le lit de ses parents. Voit-elle un jouet ou un gâteau qui lui plaît ? Il est dans ses mains l'instant d'après.

Les parents sont épuisés dans cette course à la satisfaction tous azimuts de leur enfant. D'autant que celle-ci ne manifeste pas un contentement durable à chacune de ses « victoires ».

Dans la plupart des cas, cette position n'est pas tenable très longtemps. À moins de tenir l'enfant à distance de tout univers socialisé. Car si des parents laxistes ou inféodés à l'extrême peuvent, de crainte de ne pas être suffisamment bons, supporter de tout céder à l'enfant, il n'en va pas de même pour l'entourage. Nourrice, crèche, école maternelle ou tout simplement grands-parents ne sont certainement pas disposés à en faire autant. À son grand désarroi, l'enfant va vite constater qu'à l'extérieur de la maison, on ne peut pas tout se permettre ! Alors, les désillusions risquent d'être grandes pour ce petit enfant qui aura si peu de capacité à résister à la frustration... Pour le coup, les colères risquent de prendre une coloration agressive et d'être mal vécues par l'entourage.

Conflits à consommer avec modération...

Bien sûr, certains enfants ont un tempérament plus paisible que d'autres, ou bien sont élevés par des parents qui savent doser la frustration. Il n'est pas question en effet de dire non à tout ; c'est insupportable pour un enfant de 2 ans. Et puis parfois, il faut s'interroger : ne dit-on pas « non » mécaniquement, par lassitude ? ou encore au nom de principes qui mériteraient d'être revisités ? Il importe aussi et surtout de mettre des mots sur ces « non » : un objet que l'on ne peut prendre car il est dangereux, un retour à la maison qui s'impose même lorsqu'on est si bien au jardin...

Même dans des familles « parfaites », il est impossible d'échapper au conflit avec le petit enfant, qui en a besoin pour grandir. C'est ainsi ! On dit parfois que c'est en s'opposant que l'on se pose, et cette phrase ne s'applique pas uniquement aux adolescents. D'ailleurs, la comparaison a souvent été faite, et à juste titre, entre cette phase d'opposition et la crise d'adolescence. Bien que survenant à des moments éloignés, ces deux périodes de vie présentent de nombreuses similitudes.

Sans qu'il soit question de faire l'apologie de la colère, ces moments aigus, lorsqu'ils sont bien gérés, permettent à un enfant d'expérimenter le terrain relationnel. Ils l'amènent aussi à mieux repérer quelle est sa place au sein de la famille ou d'un groupe.

□ La période du « non » est fondatrice

Le stade du « non » est bien connu de tous les parents. Durant ce stade, l'enfant passe son temps à dire non à tout et pour tout ! Mais il ne s'agit pas de caprices. Dire non, pour un enfant, n'est pas un détail. Cela peut même être un acte fondateur qui lui permet d'exprimer son envie, de refuser ce qui lui déplaît. Il se positionne ainsi encore une fois comme un être à part entière capable de dire qui il est et ce qu'il veut ou ne veut pas. Et dire non à 2 ans, ce n'est pas forcément simple, d'ailleurs !

C'est toujours intéressant de constater la découverte du non par un tout-petit. De quoi disposait-il, jusque-là, pour affirmer sa volonté ? De caprices-colères mal déchiffrés souvent, ou de pleurs qui, même abondants, n'étaient pas toujours très lisibles non plus pour l'entourage. Le non, ce petit mot puissant par sa valeur symbolique, sa force claire et nette, est bien pratique. Même si certains sont loin de le consommer avec modération !

La maman de Rosalie, qui veut toujours faire le maximum pour ses enfants, craint souvent de ne pas être à la hauteur. Ce matin, elle est déjà déconfite car sa fille lui a répondu par la négative à « Tu aimes venir manger à la maison ? ». Puis, inquiète de savoir si sa fille lui porte quand même une affection bien méritée, la maman demande à Rosalie : « Tu m'aimes ? » Rosalie répond « Non ! », bien sûr ! Elle est bien trop contente, sans doute, de pouvoir titiller un point qu'elle sent vulnérable chez sa maman. Ce « non »-là ne recoupe évidemment pas la réalité, mais il confère un pouvoir d'action sur les parents dont le bébé se régale...

C'est vrai que cette période-là est parfois peu gratifiante pour les parents, surtout quand ceux-ci rêvent d'une relation harmonieuse idéale. Mais elle est le signe que bébé va bien, qu'il se développe comme un individu à part entière, qu'il a une personnalité à lui. Non, il n'est pas simplement une « dépendance » ou une excroissance de ses parents, une sorte de Tamagotchi programmable et obéissant...

□ Le « je » s'installe

L'affirmation de soi du petit de 2 ans fait un peu l'effet d'un bulldozer. Plus l'enfant est jeune, moins il fait dans la dentelle ! En effet, ses sentiments sont massifs, connectés à des pulsions fortes et non érodées par un quelconque jeu social. Ce n'est pas pour rien que les Anglo-Saxons nomment cette période les « terrible twos ».

Le « non » est un accoucheur d'identité. Il fait émerger la constitution d'une personnalité et permet au « je » d'apparaître. De fait, peu à peu, le petit enfant prend conscience qu'il est « quelqu'un », puisqu'il est capable de résister et d'affirmer son désir. La notion d'une identité devient de plus en plus palpable pour lui.

C'est par une suite de petits événements que l'on peut s'en rendre compte. Par exemple, il cesse progressivement de parler de lui à la troisième personne : il commence par utiliser son prénom comme sujet de l'action. Puis, avec le « je », il s'approprie pleinement ce qu'il est, il se pose comme un individu affirmé dans le monde, ses désirs sont les siens.

Pour les parents, c'est un soulagement et une avancée, ils s'y trompent rarement... Le bébé va lâcher progressivement le « non » systématique pour approfondir la phase identitaire qui se déroule devant lui. Un peu comme à l'époque ultérieure de l'adolescence, où le jeune devient plus constructif, moins en révolte et en contradiction en affirmant peu à peu son identité d'adulte.

La force d'affirmation des 2 ans est énorme et la manière de la gérer en tant que parents est capitale dans les questions de l'inhibition et de la timidité.

Quand Karim, 20 mois, rentre de chez sa nourrice, il se précipite dans le salon avec ses chaussures : « Karim ! Ne va pas là avec tes chaussures ! », puis il tripote la télécommande du téléviseur : « Pose ça tout de suite, Karim ! » Il tente des galipettes sur le canapé : « Mais tu es bien énervé aujourd'hui, arrête-toi tout de suite... » Il réclame un gâteau alors que sa mère range les courses dans la cuisine : « Ah non ! tu as déjà eu ton goûter ! »

Attention : trop de limites, de punitions, de contraintes risquent de fissurer l'expression de son identité. Comme il est sans arrêt brimé, il finit par avoir peur de se prononcer face aux autres. Cela peut se traduire par un effacement affectif et social : on a tous autour de nous des adultes victimes d'une éducation rigoriste à l'extrême et mutilante pour la personnalité, bien qu'exercée par des parents persuadés de bien faire.

Inversement, il n'est pas bon de tolérer tous les débordements, d'éviter toute contrainte à un enfant. Ne lui poser pratiquement aucune limite, c'est en faire un futur adulte démuni devant les obligations sociales et intolérant aux inévitables frustrations de la vie. Il est à craindre que sa personnalité soit plus une boule de pulsions insatisfaites qu'un édifice solidement construit. Là encore, à la base, on trouve essentiellement des erreurs éducatives. Bien des parents pensent éviter une souffrance à leur enfant en lui cédant tout. Ou bien ils refusent toute confrontation avec lui, de peur de ne pouvoir gérer ni leur agressivité ni celle de leur petit monstre. Entre ces deux extrêmes, tout un monde de personnalités plus ou moins construites, plus ou moins affirmées. Bien sûr, on ne garde pas, devenu adulte, de souvenirs précis de cette phase d'opposition. Mais ce vécu s'imprime pourtant de manière forte sur le plan inconscient. Et son influence est forte sur la capacité à être affirmé dans la vie.

Œdipe, désir et culpabilité

Entre 3 et 6 ans, c'est bien connu, les petits garçons veulent se marier avec leur maman et éliminer le papa qui se dresse entre eux deux. De leur côté, les petites filles se voient déjà l'unique princesse aux yeux de leur père, quitte à pousser dans le fossé cette sorcière encombrante qu'est maman. Ainsi va la vie de nos petits, de manière plus ou moins prononcée et exprimée...

C'est ce que Freud a qualifié de complexe d'Œdipe en se référant à la mythologie. Ce désir « amoureux » pour le parent de sexe opposé va marquer une nouvelle étape dans l'affirmation identitaire de l'enfant. Il s'agit, à cet âge-là, de se sentir être un garçon ou une fille, dans une perspective de séduction. Et même si c'est un amour déçu car en général papa reste avec maman, il va permettre le passage ultérieur vers d'autres investissements amoureux. Par ailleurs, cela pose la question de l'identité sexuelle, qui se rejouera une fois encore au moment des transformations adolescentes, de manière concrète.

□ S'affirmer dans son allure

C'est l'âge où parfois se mettent en place certaines outrances en matière de langage, d'habillement, de manières de se comporter. Parfois, le petit garçon va adopter un langage de charretier et des manières un peu brutales, alors que la petite fille va dévaliser la trousse de maquillage de sa mère et mettre les robes les plus voyantes possible.

Fréquemment, cet âge œdipien est pour les enfants un moment de caricature parfois inconsciente des caractères féminins ou masculins auxquels ils tendent à s'identifier. Et, comme dans toute recherche, les excès sont nombreux. Ainsi, il n'est pas rare qu'un petit garçon décide de s'habiller en « fille », histoire de voir ce que cela ferait d'être « de l'autre côté »... Certaines petites filles se « greffent » un pénis imaginaire et se travestissent avec joie en pirate moustachu... L'affirmation de l'identité passe parfois par ces chemins un peu désarçonnants pour les parents. Mais pas de panique ! Il convient de prendre tout cela en compte en remettant de temps en temps « les choses à leur place ». Bientôt, la grande séductrice ou le petit macho en culottes courtes laisseront place à des enfants curieux. Vers 7 ans, ils mettront de côté avec soulagement leurs pulsions de séduction au profit d'une soif de connaissances plus intellectuelles.

En attendant, il est important pour la petite fille ou le petit garçon d'être reconnu en tant que tel. Là encore, si s'affirmer en tant que fille apparaît sans intérêt ou si se poser en tant que garçon est dangereux, l'enfant préférera nier cette part sexuée de sa personne. Cela, bien évidemment, l'exposera à de sérieuses inhibitions dans sa vie affective et sociale ultérieure.

Nous ne sommes pas toujours conscients des modèles d'homme ou de femme que nous offrons à nos enfants. Tout du moins, ces images ne sont pas entièrement maîtrisables. Mais l'on peut nuancer ce que l'on est en laissant à l'enfant la liberté de se construire *à partir de* ce modèle et non uniquement en fonction de lui.

La manière d'élever un enfant du sexe opposé en dit souvent long sur ce que l'on pense des hommes en tant que femme ou des femmes si l'on est un homme. Et, pour un enfant, il n'est pas forcément facile de s'affirmer en toute liberté face à ce qu'il intègre vite comme un diktat. Surtout que le désir de plaire à papa ou à maman est grand... Alors, pour peu qu'il y ait un peu d'insistance du côté des parents ! Mais le piège est alors de nier son identité pour coller au plus près à ce que papa ou maman attendent d'un garçon ou d'une fille.

□ L'inévitable castration

Cette phase œdipienne du développement psychologique correspond aussi à un vécu de castration symbolique, c'est-à-dire d'acceptation d'une relative impuissance ou impossibilité de réaliser certains désirs. Il s'agit notamment, pour le garçon comme pour la fille, de renoncer à posséder pour lui seul le parent de sexe opposé.

Ce vécu de « castration », d'empêchement, intervient de façon importante dans la mise en place de l'affirmation de soi. Par exemple, la petite fille peut avoir du mal à s'affirmer dans son identité sexuelle, croyant que, parce qu'elle est une fille, certains domaines lui sont inaccessibles. Certes, elle ne peut usurper la place de sa mère ! Mais quand même, le fait d'être une fille ne devrait pas a priori la persuader d'une insuffisance personnelle. Or, bien souvent, des amalgames sont faits. Alors, pour peu qu'il y ait des commentaires bloquants de la part des parents ou des éducateurs, l'enfant perd vraiment confiance en lui.

« Une fille ne peut pas devenir pilote automobile ! », « Quand on est un garçon, on ne joue pas à la dînette ! », « Pour qui tu te prends, tu n'es même pas capable de faire pipi debout... et tu oses parler ? » : tous ces commentaires et bien d'autres, surtout s'il sont martelés en famille, peuvent être extrêmement destructeurs pour la personnalité d'un enfant. Car il est bien fragile, cet enfant, à l'âge de l'affirmation au sein de sa famille en tant que futur homme ou future femme.

L'âge de l'œdipe est l'âge clé des identifications féminines ou masculines. Si trop d'incertitudes ou d'angoisses en ce domaine coexistent, la mise en place d'une identité affirmée est vouée à l'échec.

□ Une culpabilité qui peut inhiber

La culpabilité liée au désir que l'enfant a pour le parent de l'autre sexe est un facteur aggravant. En effet, si ce ressenti est excessif, il va aussi gêner la confiance en soi. Il peut en particulier modifier de manière importante le comportement de l'enfant. Telle petite fille auparavant très à l'aise, bien dans sa peau et sûre d'elle, peut devenir, à l'étonnement de ses parents, une enfant inquiète, qui se remet trop souvent en cause. Tel autre sera facilement persuadé d'être en faute tout le temps, pensant commettre des erreurs dès qu'il tente une réalisation personnelle.

Ces enfants se sentent coupables de tout et pour tout. Cela les empêche d'agir et leur donne une idée d'eux-mêmes peu estimable. De ce fait, leur confiance en eux est très faible. Mais leur culpabilité est en fait un déplacement sur le monde environnant de sentiments inconscients. Les faits que ces enfants se reprochent n'ont souvent aucune réalité objective. Du coup, il est parfois compliqué, voire impossible, pour les parents d'intervenir.

Ce qui demeure certain, c'est qu'il importe d'accepter un enfant pour ce qu'il est, fille ou garçon, et de le valoriser dans cette place. Si en plus on lui offre une image d'homme ou de femme accessible et attractive, il aura plus de « munitions » pour se confronter à ses inévitables conflits intérieurs.

Il gardera la possibilité d'établir une bonne affirmation de lui-même tout en reconnaissant ses limites.

Grâce aux interdits de l'œdipe mis en actes par les parents, l'enfant va peu à peu développer d'autres champs d'investissement. De ce fait, il va gagner en maturité pour asseoir sa sécurité intérieure. Le dépassement de cette période œdipienne va lui permettre de développer sa curiosité intellectuelle et d'accentuer son intérêt pour le monde. C'est aussi la naissance d'une conscience morale qui va s'accroître autour de 8-10 ans.

Le grand enfant et l'obligation de résultats

□ Tu réussiras, mon fils...

À 6 ans, l'enfant entre à la « grande école ». C'est une conquête, certes, un grand espace neuf qui s'offre à lui, mais aussi un passage délicat. L'idée de la réussite va commencer à prendre de la place dans sa tête et contribuer à forger en lui la notion de sa valeur.

Il va découvrir qu'il peut s'affirmer à travers l'école, mais aussi en souffrir s'il rate, se sentir douloureusement inférieur et avoir souvent la tentation de se faire oublier des maîtres. Car sa valeur personnelle va prendre un aspect chiffré : c'est la découverte des notes, qui apparaissent comme la preuve de ses compétences ou de ses manques. Pour certains enfants déjà peu assurés, c'est l'effondrement. Ces appréciations extérieures, pas toujours favorables, contiennent parfois des mots meurtriers. Citons les tristement connus « Insuffisant », « Mal dit » et autres « Beaucoup trop juste ! » ou « Tu n'as rien compris ! », qui n'ont rien d'encourageant, surtout accompagnés d'un 5/20... Même si l'exercice est faux, ne pourrait-on pas, quand on est professeur, écrire plus souvent

« Revois ta leçon », « Tu peux le dire autrement » ou « Résultat à améliorer », comme le font certains ?

L'école est un passage obligé en ce qui concerne l'affirmation de soi, mais attention à l'éventuel effet miroir déformant de l'appréciation extérieure. D'autant qu'on peut parallèlement réussir dans d'autres domaines moins facilement évaluables que le niveau en maths, et s'appuyer dessus pour se construire.

La « teinture » scolaire est vraiment très difficile à enlever et le mauvais élève du début va avoir tendance à s'affirmer ainsi, puisque l'extérieur insiste sur cet aspect de lui. De plus, bien souvent, à la maison, les parents confondent l'enfant et l'élève... Et le mauvais élève devient le mauvais enfant ! Devant la force de ces jugements, il va plus ou moins s'efforcer de coller à ce personnage qui rate et ne satisfait pas, en s'affirmant comme « le mauvais ».

□ L'insertion dans une communauté

Six ans, c'est également le début de la capacité à avoir une représentation globale et synthétique de soi. L'enfant commence à avoir vraiment ce que l'on appelle une « personnalité ». Il devient très sensible à ce qui est dit de lui, et pas seulement aux paroles des parents... Son espace relationnel s'agrandit, et l'opinion des copains prend de plus en plus d'importance. Si s'affirmer en tant qu'élève est une possibilité, il y a aussi la cour de récréation où se jouent bien des luttes de pouvoir.

Gaétan, 6 ans et demi, est un enfant craintif et plutôt calme. La directrice de son école primaire est donc bien surprise de le voir arriver dans son bureau l'air contrit, avec la maîtresse très en colère. Tristan, 6 ans aussi, un dur à cuire, est à l'infirmerie : Gaétan l'a poussé et lui a donné des coups de pied quand il était par terre. Après discussion, la directrice apprend que Gaétan, titillé depuis des semaines par des camarades de classe qui lui disaient « Tu ne sais pas te battre ! », a craqué d'un seul coup, sans mesurer la portée de son geste...

Cet espace de rencontres, qui fait partie de l'école tout en échappant au pédagogique, est reconstituant pour certains ou certaines qui y remontent leur cote d'amour personnelle en lançant une partie de déli-délo ou en se montrant entourés de copains et copines. Mais, pour d'autres, ces moments hors structures sont considérablement déstabilisants. Le sentiment d'insécurité psychique ou physique qu'ils inspirent ne les aide pas à vaincre un manque d'affirmation de soi, au contraire. L'isolement dans la cour de récréation peut tout simplement renvoyer à l'enfant peu sûr de lui l'idée qu'il ne présente pas d'intérêt puisque personne ne vient vers lui. Il lui est parfois bien difficile, alors, de sortir de cette bulle du timide.

□ L'explosion des champs d'expression

À côté de l'école, les champs d'action se multiplient. Les activités parascolaires, présentes ou non avant, deviennent vers 7-8 ans un « must » incontournable. L'enfant va donc aussi devoir, souvent, exceller dans un sport, l'apprentissage d'une langue étrangère, la pratique de la musique... et ce, la plupart du temps, selon des directives parentales ou, du moins, avec de fortes incitations de ce côté.

Pour certains, c'est une porte de sortie salutaire, qui leur donne le moyen de s'affirmer dans une discipline qui leur convient bien. Ils trouvent là une occasion supplémentaire de s'épanouir hors du carcan scolaire. Mais souvent, malheureusement, ces activités annexes ont un fonctionnement calqué sur l'école, dans une optique de performance assortie d'évaluations, de compétitions, de diplômes... Que dire alors de ceux qui échouent ici aussi ?

Sonia est une fillette de 8 ans un peu forte, qui suit des cours de danse au centre culturel de sa ville. Cette année, au mois de novembre, sa monitrice lui déclare qu'elle ne participera pas au spectacle de danse de fin d'année, car il n'y a pas de rôle pour elle. Face à ces propos étonnants et blessants, la maman demande des éclaircissements. La réalité est encore plus dure et primaire dans la logique avancée : Sonia ne se débrouille pas assez bien pour participer à un spectacle où la qualité est de rigueur ! Sommes-nous à l'Opéra de Paris ou dans un cadre de loisirs ?
À 10 ans, Pauline, en difficulté scolaire, était toute contente de rejoindre la chorale de l'école sur une suggestion de sa maîtresse. Mais, au bout de quelques séances, alors qu'elle était heureuse de participer, le professeur de musique repéra qu'elle ne chantait pas vraiment juste... et lui demanda si elle ne pourrait pas plutôt aller voir du côté du groupe théâtre ! Pauline vécut une intense déception et, surtout, perdit confiance en elle pour longtemps.

Bien souvent, le monde des loisirs présente des activités trop structurées et basées sur le principe de réussite plutôt que sur le principe de plaisir. Très peu de possibilités s'offrent finalement aux enfants pour s'épanouir dans la liberté et la simple joie de l'expression de soi.

L'épanouissement du corps ?

L'image du corps et de ses possibles se noue à cette période-là. Tout naturellement, ce corps s'inscrit encore beaucoup dans l'envie de jeu et de mouvement spontané : la mise en place d'une aisance corporelle se présente comme la confirmation de ce plaisir physique acquis dans la petite enfance. À l'enfant de 6-12 ans qui s'éveille au monde du corps et de la création et qui n'est pas encore perturbé par les remaniements pubertaires de l'adolescence, il est donc important de proposer des lieux d'épanouissement.

Les expériences vécues alors ont de fortes chances d'inscrire une empreinte qui restera présente lors des étapes ultérieures du développement corporel, comme le montrent parfois certaines expériences négatives :

Catherine a 40 ans et se souvient avec effroi de son apprentissage de la natation quand elle avait 8 ans. Un moniteur pressé et nerveux l'avait à plusieurs reprises précipitée dans le grand bain, lors de sa toute première leçon. Suffocante et paniquée, elle n'avait dû son salut qu'à sa mère qui, assistant à la séance, s'était précipitée pour faire cesser cette torture.
Mais l'angoisse est restée. Catherine a appris à nager – avec un autre maître nageur –, mais elle met rarement la tête sous l'eau et a la hantise de plonger. Sa première rencontre traumatisante avec l'eau et la peur panique qui s'en est suivie a « imprimé » corporellement son souvenir, provoquant des blocages tenaces.

Qu'il s'agisse d'erreurs pédagogiques ou d'obsession de la performance, il y a fort à faire aujourd'hui pour que le corps garde sa place dans le monde des enfants qui grandissent. De plus, avec l'entrée au cours préparatoire, la part physique de l'enfant est bien moins à la fête qu'à l'école maternelle. Avant, les déplacements spontanés étaient permis, l'apprentissage passait souvent par l'expression corporelle, et les jeux sportifs étaient nombreux. Deux mois de vacances et, d'un seul coup, les enfants de 6 ans se retrouvent dans un univers qui n'a plus rien à voir. Ils découvrent des contraintes physiques parfois bien difficiles à intégrer ! C'est comme si leur personne, à ce moment-là et pour de nombreuses années, avait essentiellement un fonctionnement intellectuel. Le corps est mis de côté, son bien-être est remisé pour se centrer sur les apprentissages scolaires. Tout cela gêne les enfants toniques et parfois aussi un peu ceux qui intériorisent mal les nouvelles règles de vie par manque de maturité.

En revanche, cette mise à distance du corps « arrange », hélas, certains enfants un peu inhibés. En effet, dans la rigidité ambiante, on ne repérera pas comme il le faudrait leur malaise corporel, qui pourra devenir ultérieurement un handicap dans leur affirmation de soi. N'oublions pas que bien des timides expriment de prime abord une gêne de leur corps, et que nombre de complexes sont enracinés dans le physique, surtout à partir de la pré-adolescence.

Ces enfants qui paraissaient malhabiles en maternelle, et qui en grandissant le restent, mais ont de bons résultats scolaires, va-t-on s'en préoccuper ? Ou bien pourront-ils continuer à cacher leur gêne corporelle et à refouler leur expression physique derrière la fausse protection des règles scolaires ? C'est l'image parfois extrême de l'élève premier de la classe mais dernier en sport, gauche et mal à l'aise, qui ne va pas s'affirmer ou difficilement en dehors du domaine des apprentissages. Dommage pour son équilibre de futur adulte !

La place grandissante des valeurs morales

Entre 6 et 12 ans, l'enfant va faire siennes les valeurs morales des adultes, enfin, en principe... Il n'est plus dans une phase d'opposition systématique, et il s'ouvre au monde, se dégageant de plus en plus nettement de l'âge œdipien. Ses pulsions sexuelles se décentrent des parents et s'orientent vers l'apprentissage de la vie en société, la découverte des devoirs et des valeurs humaines. Son énergie est dirigée vers le monde de la connaissance, sa curiosité devient – pour le temps de la latence – plus intellectuelle que sexuelle.

Il va peu à peu se forger une conscience morale. Cette démarche ne se fait pas extérieurement à lui. Très clairement, il va en devenir pleinement acteur, exerçant sa capacité à se positionner avec plus ou moins d'assurance à l'intérieur d'un système. C'est un âge où il est volontiers raisonneur face à l'adulte, pointant sans pitié nos petits arrangements avec la loi !

> À chaque fois que sa mère se gare en voiture avec lui, Clément est très attentif aux éventuels panneaux de circulation. Il a repéré, du haut de ses 8 ans, lesquels signifiaient une interdiction de stationner, et proteste haut et fort si sa mère laisse sa voiture devant un de ces ronds bleu et rouge... Et peu importe si sa mère lui explique que l'on est dans un tout petit village, qu'elle ne gêne personne et ne s'absente que 3 minutes ! Le règlement, c'est le règlement... Tout à sa satisfaction d'entrer un peu dans le monde adulte par la connaissance de cette loi, et jubilant de pointer une transgression de sa mère, Clément ne la laissera pas se mettre en infraction !

Notre fragile enfant n'est pas encore très au clair cependant avec les rouages sociaux... Il peut tout à fait croire qu'un enfant peut être mis en prison s'il se conduit mal en classe ! Les premières angoisses morales formulées en tant que telles font alors leur apparition. Sa culpabilité flottante, découlant de ses pulsions encore un peu débordantes, va souvent se greffer sur des figures d'autorité. Un investissement excessif ou inapproprié de ces figures entraîne parfois une vraie incapacité à se poser face aux autres, en particulier face aux adultes détenant un certain pouvoir : c'est le cas du bon élève qui reste figé devant le prof qui l'interroge.

À cette période de vie où il doit encore s'affirmer, l'enfant redoute le jugement des autres, en particulier celui des personnes ayant autorité sur lui. Cela peut amener un grand manque de confiance en soi, une déstabilisation importante à chaque remarque le concernant. Par crainte d'être mal jugé, donc d'être mal aimé, il peut développer une personnalité extrêmement soumise au désir de l'autre, animée d'un constant souci de bien faire : malheureusement, derrière une apparente bonne adaptation sociale, il vit dans une peur de se tromper quasi permanente. Derrière la timidité, il y a bien souvent ce passé d'angoisses morales très vives.

L'enfant d'âge primaire doit pouvoir se référer à une autorité et non se figer face à elle. Cela fait partie du « travail » des parents que d'évaluer l'attitude de leur enfant face à cette question primordiale. Il s'agit de rien de moins que de lui permettre plus tard de se poser en tant qu'individu libre. Mais parents et professeurs ont encore trop souvent tendance à ne s'intéresser qu'à ceux qui sont hors limites et défient toute forme d'autorité : ils négligent parfois ceux qui s'effacent. C'est sûr, ces derniers sont évidemment moins « dérangeants ». Attention pourtant à ces enfants trop sages qui ne se sentent pas forcément autorisés à exister avec leurs caractéristiques personnelles...

Le clash de l'adolescence

À l'adolescence, d'un seul coup ou presque, c'est le changement total, dans la tête et dans le corps. Ce bouleversement qui forge une nouvelle identité inquiète les parents mais aussi le jeune : même s'il le vit de l'intérieur, il peut en être surpris et décontenancé. Il se trouve bien mal à l'aise entre des réactions encore enfantines et ses nouveaux désirs d'« adulte ».

□ Rejeter l'autorité pour s'affirmer

Aider un adolescent à s'affirmer depuis notre place d'adulte et de parent ne va pas toujours sans heurts. En effet, l'adolescent va spontanément s'inscrire dans une dynamique d'affirmation qui lui est propre et dont la logique nous paraît parfois bien surprenante.

La situation devient vite critique ; l'adolescent choisit souvent sa propre méthode pour se montrer « un grand », ladite méthode n'étant pas du goût des parents... Comment faire pour qu'il s'affirme sans tout casser ? Même si on l'approuve dans le développement de son identité, il convient quand même de le limiter dans certains de ses choix. Sans garantie de succès, on peut toujours lui suggérer des voies d'affirmation originales, mais dénuées de risques et plus adaptées à la vie en société.

Les parents d'Élodie, 13 ans et demi, sont entrés dans la tourmente il y a environ 6 mois. Leur fille a, semble-t-il, décidé de s'affirmer en se comportant de manière transgressive en quasi-permanence. Elle sèche les cours s'ils ne l'intéressent pas, fume beaucoup et réclame le droit de sortir le soir sans dire où elle va.
Devant cette explosion adolescente qui les a surpris par sa relative précocité et le caractère aigu de ses diverses manifestations, les parents d'Élodie ont d'abord attaqué le problème de face à la manière forte, ce qui s'est révélé inefficace. Avec l'aide d'un psychologue, ils ont ensuite plutôt cherché à satisfaire son besoin impérieux d'autonomie en lui proposant des façons de s'affirmer de manière intéressante. C'est ainsi qu'elle a bien réagi à l'idée d'un séjour en Angleterre qui l'a réconciliée un peu avec l'acte d'apprendre, et qu'elle sort maintenant le soir... mais pour faire du baby-sitting dans le quartier, gagnant elle-même ses premiers salaires. Elle a fait siennes les voies suggérées par ses parents, et abandonné peu à peu ses autres modes d'autonomisation, qui d'ailleurs n'en étaient pas vraiment.

À cet âge fragile, la quadrature du cercle consiste à favoriser la personnalité de son ado – car de nombreuses facettes de son identité prennent place à cette période –, tout en continuant à le cadrer et sans démissionner une seconde de sa place d'autorité parentale. Toutefois, de la préadolescence à l'adolescence, la manière de ressentir l'autorité parentale évolue notablement, ce qui rend la tâche plus ardue encore. Ce que l'enfant jusqu'à 12 ans acceptait sans discuter n'est tout d'un coup parfois plus du tout « de saison » ! On pensait être des parents bien positionnés sur le plan de l'autorité et des limites, et voilà qu'il faut repenser pas mal de choses. Faute de quoi l'adolescent s'affirmerait coûte que coûte et souvent de manière assez risquée pour lui, allant au-delà de ce qui serait nécessaire à la mise en place de sa nouvelle identité.

□ Remise en cause des valeurs familiales

Nous avons vu que le grand enfant prenait en compte les valeurs morales et acceptait généralement bien les ordres des adultes. La soumission aux règles ne lui posait globalement pas de problème.

Soudain, rien ne va plus : les profs deviennent nuls, les envies de rien se multiplient... Et voilà qu'il se rebelle contre toute forme d'autorité et enfreint volontiers certaines règles. Les parents désorientés ne reconnaissent plus leur enfant : maintenant, c'est non à tout, et rejet même de ce qui était parfois très apprécié hier...

Cette période d'opposition n'est pas sans rappeler la crise d'opposition des... 2 ans ! Les mécanismes psychologiques en sont très voisins, mais les moyens de l'ado pour se rebeller sont évidemment plus nombreux. Il a plus de ressources : mots, actes, attitudes vestimentaires, choix des copains... le champ est vaste pour défier les parents, les colères sont bien plus impressionnantes et leurs conséquences plus graves (désertion scolaire, toxicomanie...).

Comme pour l'enfant de 2 ans, pourtant, il importe de ne pas brimer la personnalité de l'adolescent. Le risque serait de lui nuire, certes, mais aussi d'en faire parfois une bombe à retardement qui éclatera plus tard, au cœur de sa vie adulte. Combien de crises de la quarantaine sont en droite ligne les conséquences d'une adolescence « empêchée » ?

□ Passer sans casser

Se poser en s'opposant, dit-on. Cependant, il est possible aussi de s'affirmer sans passer par la révolution. Le fossé intergénérationnel étant moins creusé qu'il y a une trentaine d'années, parents et ado s'adaptent bien plus facilement les uns aux autres. Lorsque les parents acceptent de voir leur enfant plus autonome et plus « capable », les transitions sont généralement plus douces.

La première difficulté pour les parents va être de s'affirmer face aux copains, un travail presque à temps complet !

Comme nous l'avons vu, dès l'entrée à la grande école, le regard des autres, leur avis et leur compagnie prennent une grande place parallèlement à la vie familiale. À l'adolescence, les amis deviennent facilement le centre de l'univers des jeunes. L'ado a le désir d'imiter ses pairs, c'est leur opinion ou leur parole qui est retenue comme référence, et il construit sa nouvelle identité en puisant largement chez eux. La référence parentale n'est pas oubliée, mais moins reprise systématiquement et certainement pas reconnue ouvertement.

C'est un fait : si l'adolescent a eu du mal antérieurement à s'affirmer et à se poser en tant qu'enfant autonome et responsabilisé, cette étape sera délicate. Deux grandes directions sont possibles :

– les inhibitions face aux autres et à l'extérieur se renforceront chez lui : il se repliera alors dans le cocon familial, donnant à tort l'idée qu'il ne fait pas de crise d'adolescence et que tout va bien ;

– ou bien il va s'immerger dans un groupe et se perdre en n'étant plus que le clone des autres : il prendra tout ce qui provient d'eux, idées, démarches, attitudes corporelles et comportement scolaire, parfois en rupture totale avec le « style » familial. Cet adolescent peu sûr de lui et influençable est possiblement en danger : il ne s'affirme pas, il copie, il n'est pas lui-même, mais un autre, pas forcément bien adapté à la vie en société. Au nom de l'affirmation, et de l'intégration dans le groupe, il peut être amené à agir d'une manière qu'il n'accepte pas vraiment.

□ Remue-ménage corporel et nouvelle image de soi

Autre changement qui peut sérieusement inhiber l'adolescent : les transformations corporelles. Certes, elles sont déjà un peu amorcées avant, surtout pour les filles, mais l'adolescence confirme la morphologie adulte. D'autres repères sont à trouver, la taille et le poids deviennent très importants, et surtout il faut se situer face à la mise en évidence d'une apparence sexuée.

La difficulté à habiter ce nouveau corps, que l'on ne choisit pas, qui s'impose à l'adolescent, peut fortement l'insécuriser. En effet, si son image dépend de lui, son corps est comme une enseigne autonome, clamant au monde extérieur un message qu'il n'assume pas forcément.

Joanne, 13 ans, a bien du mal à quitter son pantalon de jogging et passe son temps à se cacher dans des gros pulls. Membre de l'équipe de hand-ball de son collège, elle fait beaucoup de sport, et son tempérament sportif s'accommode mal actuellement de ses rondeurs et de son allure déjà très femme... Elle se rêve sylphide, voire androgyne, et la voilà Marilyn !

Comment faire coïncider intérieur et extérieur quand ils apparaissent si dysharmoniques ? Si un adulte peut assumer ce décalage entre l'image idéale et la réalité de son corps, c'est bien plus difficile quand on a 15 ans. De plus, le passage à l'âge adulte entraîne des étapes intermédiaires qui ne sont pas très confortables. L'ado assiste impuissant à l'installation de boutons, peau grasse, nouvelles rondeurs, blondeur qui fonce, jambes masculines maigres, poitrine encombrante, premiers poils au menton... Il traverse bien souvent une période plus ou moins aiguë de complexes physiques, qui entraînent le repli sur soi et peuvent déboucher sur des blocages relationnels.

Souvent, les complexes ne reposent pas sur une réalité, mais l'adolescence est l'âge idéal pour relever les imperfections et faire une fixation sur elles. Et la gêne dépend beaucoup, voire essentiellement, de ce que l'on imagine du regard des autres : on se sent gros, même si on ne l'est pas ! Qu'est-ce qui se cache derrière cette fixation douloureuse de l'adolescent ? Neuf fois sur dix, un manque d'estime de soi, fréquent à cet âge si vulnérable et devant des transformations corporelles majeures.

L'adolescent, qui veut à tout prix être comme les autres, comme ses copains, aspire à se fondre dans une normalité tranquillisante. La mode vestimentaire a souvent cet aspect rassurant. De ce fait, il vaut mieux peut-être laisser son adolescent la suivre afin de lui permettre une certaine affirmation de lui, dût-elle passer par l'uniformité.

Certains, inversement, vont régler la question de leur aspect par la provocation, ayant l'impression ainsi de mieux maîtriser leur image et d'en faire le passeport de leur nouvelle vie. Il y a eu les attitudes punk, on observe maintenant le mouvement « gothique », pas plus rassurant avec l'omniprésence du noir et les symboles diaboliques. Ce ne sont souvent que des passages, mais ils sont bien sûr source d'inquiétude pour les parents à mille lieues de ces univers.

□ Qui suis-je, où vais-je ?

Les petits enfants rêvent devant les étoiles, en se disant qu'un jour ils seront astronautes et qu'ils découvriront des planètes inconnues. Le mystère de la vie et de notre condition humaine se pose souvent à eux mais interfère peu dans leurs préoccupations quotidiennes.

À l'adolescence, en revanche, survient la période des incertitudes sur le devenir et des grandes questions : qui suis-je ? où vais-je ? qu'est-ce que l'amour, l'amitié, la mort ?

L'angoisse qui résulte de ces questionnements est rude pour certains jeunes qui trouvent parfois dans une tendance mystique des réponses qui les rassurent.

Pour certains, cela se traduit par la plongée dans un univers littéraire et poétique. Le « carnet de bord » ou journal intime leur donne la possibilité de se confier à eux-mêmes. L'adolescent peut y puiser de l'assurance par la distance que crée le fait d'écrire sur soi. Il est certain qu'il se défait en partie de ses malaises à travers ce « dire secret ». Mais c'est souvent à l'extérieur que les adolescents trouvent ou du moins cherchent des réponses. Cela fait aussi partie de leur jardin privé : c'est un choix personnel qu'il convient de respecter même s'il paraît un peu surprenant pour les parents. Il convient, bien sûr, de garder un œil sur ces engagements, afin d'être prêt à intervenir si cela dérape vers trop de questionnements angoissants. Mais il est important d'accepter ces « errances » intellectuelles ou spirituelles comme des pierres apportées à l'édifice de la construction de soi.

2

Les origines de la timidité

Nous l'avons vu, à chaque étape de la vie, l'enfant est confronté à différentes situations qui sont autant d'occasions d'asseoir ou pas sa confiance en lui. Il s'affirme peu à peu, mais parfois cela coince, et apparaît un blocage, un retrait, une difficulté à appréhender correctement le monde environnant, qui fait le lit de la timidité.

Il n'y a pas une timidité mais des timidités, profondes ou légères. Autant de timidités que de timides, pourrait-on dire, car même si certaines manifestations sont voisines, elles dépendent de manière si directe de l'histoire personnelle qu'elles dessinent pour chacun « sa » timidité.

Parfois, la raison est liée à un événement identifiable. Mais souvent, même si ses manifestations sont légères, l'origine du malaise est complexe à trouver. Il provient de causes cachées ou multiples qu'il est difficile d'identifier clairement car elles comportent des aspects inconscients.

L'origine inconsciente des timidités

Les psychanalystes utilisent le concept d'« inhibition » pour définir l'ensemble des causes et des symptômes en jeu dans la timidité. Car ce terme de « timidité » renvoie selon eux à un trait de caractère un peu trop restrictif.

□ Au commencement était l'inhibition

Toute inhibition, quand elle est massive, peut être une véritable souffrance, au même titre qu'une obsession ou une dépression. En effet, ce repli extrême, en rapport direct avec les fonctions de l'être humain, peut affecter l'alimentation, la motricité, la communication avec autrui, le travail scolaire... Si ces fonctions se trouvent diminuées, il est question de symptôme. Par exemple, un enfant peut marquer une certaine baisse de son rendement scolaire, avoir du mal à se concentrer : c'est d'inhibition qu'il s'agit. S'il est incapable de travailler et se trouve en grave échec scolaire, on peut évoquer un symptôme préoccupant.

Dans le cas de la timidité, il est essentiellement question d'inhibition de la fonction sociale ou relationnelle. Signalons cependant que cela ne signifie pas forcément une attitude pathologique. Il y a même des inhibitions socialement admises, voire recommandées, comme une limitation du langage familier en présence d'un adulte ayant autorité.

Les timidités « légères » correspondent à une inhibition non pathologique de la relation aux autres. Mais, lorsque la timidité est envahissante, elle modifie le rapport au monde extérieur, et on peut la relier à une profonde inquiétude. Il y a en effet un lien entre les inhibitions et l'angoisse. Nombre d'enfants renoncent à certains comportements car, s'ils les adoptaient, de l'angoisse serait développée. C'est le cas de l'enfant qui évite de prendre la parole devant un groupe parce que cela générerait pour lui un stress insupportable.

Puisqu'elle est toujours en lien avec l'histoire personnelle, la timidité peut ne s'exercer qu'en des domaines spécifiques parfois très surprenants, tout en n'infiltrant pas certains autres secteurs de la vie de l'enfant.

Malika, 9 ans, est très effacée en présence d'enfants de son âge quand elle ne les connaît pas. Elle refuse d'aller vers eux, même si ce sont des enfants d'amis de ses parents. En revanche, elle n'a aucun mal à établir un contact avec des adolescents ou des adultes étrangers. Se sent-elle plus rassurée avec des aînés qui évoquent pour elle une image parentale ? Est-elle perdue face à des enfants qui lui semblent plus dangereux car plus incontrôlables et imprévisibles ?

La timidité peut être liée à une culpabilité inconsciente. Un enfant peut par exemple être mal à l'aise dans son corps. Il évite alors de s'en servir avec plaisir dans la danse ou le sport, car cela évoque pour lui une activité en relation avec la sexualité qu'il vit comme coupable.

Parfois, certains enfants sont inhibés dans le travail scolaire par un mécanisme d'autopunition. Ils ne se sentent pas le droit de réussir et d'avoir du succès car ils ont intégré une censure intérieure trop forte qui leur interdit ce genre de satisfaction. Être inhibé sur le plan scolaire leur permet d'éviter tout conflit avec leur sévère instance morale.

□ Le principe de précaution

Un autre mécanisme est souvent à l'œuvre, celui du principe de « précaution », qui amène l'enfant à restreindre inconsciemment certains investissements pour concentrer toute son énergie sur celui qui lui paraît le plus critique.

Lors d'un deuil, d'une séparation des parents ou d'un contexte familial douloureux, un enfant est confronté à un travail psychique d'une grande difficulté. Il peut arriver qu'il n'ait plus d'énergie disponible à côté. De ce fait, il va renoncer à nombre de ses pratiques habituelles, diminuer ses activités, limiter ses échanges amicaux, par exemple, ou moins bien travailler à l'école. On va alors le trouver timide, peu sociable, effacé. Il s'agit en fait d'inhibition de protection. Si les problèmes rencontrés s'atténuent, les investissements reprennent et la timidité est moins marquée. Cependant, ces réflexes de repli peuvent aussi devenir des habitudes de fonctionnement et coller à la personnalité.

L'impact des systèmes familiaux

D'autres facteurs peuvent favoriser les inhibitions de l'enfant. Nous avons vu que la timidité est souvent provoquée par des mécanismes internes obéissant à l'inconscient. À côté de ces grands mouvements de la personnalité, la réaction timide peut également dépendre de facteurs relationnels intrafamiliaux ou transgénérationnels, ou bien encore être liée à une particularité physique ou sociale de l'enfant concerné.

□ La fusion tue l'effusion

Il est très important pour un enfant, surtout petit, d'être soutenu et « porté », dans tous les sens du terme, par ses parents. Cet amour et ces relations fortes et sécurisantes vont lui donner confiance en lui. Paradoxalement, cela lui permettra de développer sa personnalité en dehors de cette famille chaleureuse.

Des liens solides et affectueux, c'est donc bon pour les enfants. En revanche, une relation fusionnelle, et donc étouffante, ne va pas leur conférer beaucoup d'assurance. Un enfant qui vit dans une telle famille aura du mal à se construire une identité propre.

Qu'est-ce qu'une relation fusionnelle ? Cela signifie-t-il

qu'on n'aurait pas le droit d'aimer son enfant comme on le veut ? La fusion, ce n'est pas exactement de l'amour. C'est une relation d'interdépendance très forte où l'on n'existe pas tellement en tant que soi-même mais beaucoup en fonction de l'autre. La relation fusionnelle suppose en effet que l'un ne puisse pas exister sans l'autre.

Au début de la vie, une maman et un nouveau-né se sentent tellement proches, psychiquement et corporellement, qu'un lien fusionnel s'établit souvent entre les deux. À ce stade, c'est une relation habituelle, mais ce genre de situation ne doit pas perdurer quand l'enfant grandit, car elle peut entraver le développement de son individualité.

Lors des adaptations en crèche, il est fréquent d'observer des parents fusionnels qui ont bien du mal à laisser leur bébé. Quand ils le déposent, au lieu de partir après un câlin et un petit mot, ils traînent et attendent quasiment que leur bébé craque et se mette à les réclamer et à pleurer. Une mère peut ainsi dire plus de dix fois : « Maman va s'en aller », sans bouger... Au bout d'un moment, déstabilisé par cette présence/absence, l'enfant pleure et la mère s'en va, « satisfaite » que son enfant ne puisse pas être heureux en dehors d'elle. Son attitude fusionnelle l'amène à désirer que son enfant ait la même douleur qu'elle à la séparation, quitte à la provoquer.

Évidemment, ces ressentis sont largement inconscients, ce qui les rend difficiles à appréhender et à modifier. Mais on voit bien comment l'enfant peut ensuite avoir du mal à exister avec assurance en dehors du petit monde protégé de la maison. Ces timides-là sont ceux qui, plus tard, se cachent derrière leurs parents quand on s'adresse à eux, qui parlent bien à la maison mais jamais en classe, qui n'ont pas de copains, seulement des échanges en famille... Désolidarisés du parent fusionnel, ils ont peur de la relation. Ou bien parfois ils ne se l'autorisent pas, de peur qu'elle ne leur apporte du plaisir, et qu'elle rende jaloux leur parent.

Vivant dans une hyperprotection permanente, l'enfant n'expérimente pas non plus la « capacité à être seul » dont le psychanalyste D.W. Winnicott a mis en évidence l'importance. Il ne sait pas être bien quand il est livré à lui-même et ne se sent pas habiter son propre espace interne. De ce fait, il dépend parfois entièrement de l'autre, même pour ressentir ses besoins et désirs. Il n'a pas d'identité bien définie en dehors d'une appartenance familiale. Pour de tels enfants, une timidité dans les relations aux autres est bien souvent au programme, en particulier lorsque l'école devient partie prenante de leur vie.

Les parents fusionnels ne sont pas toujours partants pour aider leur enfant à se débarrasser de sa timidité. Il ne leur est pas si désagréable, en fait, de voir leur petit enfant se tourner vers eux apeuré, demandant leur soutien. Il faut que ces parents apprennent à ne pas confondre amour et dépendance !

Chez d'autres, la relation fusionnelle s'est installée à leur insu, de manière complètement inconsciente : bien souvent, ils ont reproduit une situation qu'eux-mêmes ont vécue dans leur famille d'origine. Dans ce cas, ils se désespèrent très sincèrement du manque d'assurance de leur enfant dans ses relations avec les autres. La timidité qu'ils perçoivent chez lui doit leur servir de signal d'alarme pour un changement d'attitude favorisant une meilleure confiance chez leur enfant... et chez eux !

□ Une présentation du monde inquiétante

Dans de nombreux cas, la difficulté ou le symptôme d'un enfant renvoie directement aux modèles familiaux. La psychologie systémique explique par exemple les actes agressifs d'un enfant par une absence de communication verbale dans le système familial ou par des attitudes violentes dans le couple parental.

La timidité renvoie plutôt à la manière dont les parents voient le monde. Beaucoup de familles d'enfants timides ont une vision du monde teintée d'angoisse et transmettent très tôt à leurs enfants leur peur de l'extérieur. Baignant dans la perspective donnée par ceux qui sont ses modèles, un enfant, avant même de parler, se fait bien souvent une idée du monde extérieur proche de celle de ses parents. Ainsi, il sera peu incité à aller découvrir un dehors qu'il percevra comme dangereux. Il n'envisagera même pas l'idée de se confronter à ce qui impressionne ses parents, du moins tant qu'il sera petit. Pour s'en prémunir, il développera une timidité protectrice.

Il est parfois intéressant pour des parents de s'observer davantage afin de comprendre quelle vision du monde éventuellement peu attractive ils proposent à leurs enfants ! Attention au langage, par exemple :

> Juliette, 35 ans, raconte avec amusement qu'elle avait l'habitude de commencer ses phrases par « J'ai peur... » pour des situations pourtant non inquiétantes de la vie quotidienne : « J'ai peur qu'il pleuve... », « J'ai bien peur de ne pas avoir d'argent sur moi... », « J'ai peur d'avoir attrapé un rhume... », etc. Elle en a pris conscience lorsque sa fille de 4 ans lui a demandé si la pluie c'était dangereux, ou si elle risquait d'aller en prison pour avoir oublié son porte-monnaie...

Les comportements d'évitement matériels et sociaux accentués et répétés créent également un bon terrain d'accueil pour la timidité de l'enfant. Ces dynamiques de comportement seront d'autant plus fortement ressenties que les deux parents vivent dans cet état d'esprit.

Les parents de Manon, 10 mois, sont pompier et infirmière. La petite fille est en crèche depuis deux mois et reste sans bouger toute la journée, dans une fixité un peu préoccupante. Après un entretien avec les parents, il s'avère que, du fait de leur métier où ils sont confrontés à la maladie, aux accidents, à la mort, tous les deux vivent dans l'angoisse permanente qu'il arrive quelque chose de grave à leur bébé. Figée dans l'angoisse de ses parents, Manon se dit peut-être qu'en ne bougeant pas elle se protège d'un risque extérieur.

□ Des rapports de force comme unique modèle

Il existe un autre schéma familial favorisant la timidité chez un enfant, c'est celui qui consiste à concevoir les relations humaines comme un combat. Dans ces familles, les expériences de vie ou les histoires ne sont transmises à l'enfant qu'en termes de dominant ou dominé... Il y a toujours un vainqueur et un perdant, le monde est un vaste champ de bataille où seuls les plus forts s'en sortent ! Ces propos considérés comme stimulants sont au contraire assez inhibants, surtout pour un enfant qui n'a pas au départ une solide confiance en lui. De plus, lorsque le monde est ainsi envisagé par les parents, les relations dans la famille sont bien souvent basées elles aussi sur les rapports de force. L'enfant est alors généralement cantonné dans une position de dominé et n'a que peu voix au chapitre. Sa capacité de prise d'initiative est réduite. Tout cela lui donne peu envie de s'impliquer personnellement par ailleurs.

Il peut aussi arriver que ce soit l'enfant qui gagne quelques batailles, mais en mettant forcément le parent dans une position de perdant, de vaincu. Cela peut, une fois passée la joie de la victoire, entraîner une certaine culpabilité. La résultante de ce pauvre combat est bien souvent encore une inhibition des conduites d'affirmation de soi.

□ Les facteurs transgénérationnels

Il est des héritages familiaux qui pèsent lourd dans les raisons de la timidité d'un enfant. Ainsi, le sentiment de méfiance qu'éprouvent certains parents vis-à-vis des autres se transmet aisément. Habitué depuis qu'il est tout petit à voir ses parents se défier de tout le monde, l'enfant se sent très insécurisé et n'a confiance ni en les autres ni en lui. Certaines familles vivent ainsi dans une sorte de forteresse, se protégeant de dangers imaginaires.

Dans d'autres cas, la timidité est une sorte de spécialité familiale, et ce depuis des générations parfois. L'enfant d'une telle famille peut se sentir déloyal s'il s'écarte du schéma familial en se montrant audacieux, en osant... Même si les parents souhaiteraient qu'il en soit autrement : tel papa, peu à l'aise en société, peut souffrir de lire les commentaires d'un professeur sur son enfant effacé à l'oral. Pourtant, dans un mouvement de loyauté inconscient, cet enfant ne peut se permettre d'être différent de lui, il s'interdit de le dépasser en quittant sa timidité.

La timidité familiale peut être le résultat de diktats socio-éducatifs. Dans certaines familles de tradition ouvrière, par exemple, on trouve ce type de comportement qui interdit le franchissement de certaines barrières sociales. Les enfants sont censés se tenir à l'écart des milieux favorisés et éviter d'occuper le devant de la scène. Dans d'autres familles, très religieuses, la fillette notamment se doit de respecter certaines valeurs d'humilité. Ainsi, sa timidité sociale est valorisée, voire obligatoire, pour rester en accord avec les principes éducatifs des parents. On retrouve parfois ces attitudes chez les enfants issus de l'immigration qui sont tenus de se conformer extérieurement à des codes comportementaux, préceptes, volontairement ou pas, d'une véritable timidité instituée, là aussi plus souvent pour les filles que pour les garçons...

□ Timide de mère en fille

Bien souvent, l'enfant timide a des parents qui manifestent eux aussi une certaine timidité vis-à-vis des autres et qui même se reconnaissent en lui : « C'est tout à fait moi à son âge ! » dira telle mère. Tel autre parent, aujourd'hui très assuré, se rappellera après « enquête » qu'il avait peur de tout quand il était petit.

Ces parents admettent souvent très bien que leurs enfants soient timides, puisque eux-mêmes l'étaient ou le sont encore : cela leur paraît une manière légitime d'interagir avec le monde extérieur. Dans ces situations, on peut parfois parler de transmission rarement consciente d'un comportement où domine l'inhibition à l'égard du monde extérieur. Leur façon d'évoquer la vie auprès de leurs enfants comporte à leur insu une sorte de « sous-titrage » permanent, signalant des risques ou des menaces. Alors, les enfants, influencés par ces messages implicites associés à la timidité parentale, vont avoir encore plus tendance à reproduire ce comportement.

Dans certains cas, la situation est plus complexe. Les parents, qui ont été timides dans leur enfance, ont pris conscience d'une gêne et ont décidé de travailler ce problème. Adultes, ils n'en souffrent plus mais constatent pourtant, avec contrariété, que leurs enfants manquent à leur tour d'audace dans leur vie quotidienne. Alors, serait-ce une « marque de fabrique » ?

La réalité est tout autre. La plupart du temps, le parent, ancien enfant timide, s'en est sorti en acceptant de devenir l'égal des adultes qui l'impressionnaient alors, en particulier ses propres parents. Mais, en accédant à cette identification parentale, il peut en ajouter un peu trop et constituer maintenant inconsciemment à son tour une image parentale un peu trop écrasante pour ses enfants. Souvent, en effet, sortir de la timidité aboutit à se poser au monde de manière excessive au début. Surtout envers les personnes sur qui on a autorité ! Les enfants sont donc en première ligne...

Un ancien timide peut, de plus, avoir du mal à transmettre à ses enfants une capacité d'affirmation de soi qu'il n'a lui-même acquise que tardivement et sans toujours bien savoir comment. Il est en effet difficile d'enseigner un mode relationnel que l'on n'a pas expérimenté soi-même.

C'est sur ces mêmes schémas que se transmettent de génération en génération des timidités sélectives. Par exemple, la timidité scolaire, l'attitude inhibée en classe face à l'enseignant ou aux apprentissages eux-mêmes. De fait, les blocages de l'enfant sont souvent évocateurs pour les parents de problèmes qu'ils ont eux aussi rencontrés à l'école. La question est évoquée à la maison avec des constats définitifs : « Moi non plus, je n'ai jamais compris ce que disait le maître », « On n'est pas des intellos, dans la famille ! », ou encore : « Les contrôles, cela m'a toujours rendu malade », « Dès que le prof m'interrogeait, je paniquais »... Toutes ces petites phrases et bien d'autres, dites et redites, amènent facilement l'enfant à faire siens ces préceptes. Il adopte lui aussi une attitude de repli, qui est par ailleurs curieusement souvent bienvenue dans la famille. De fait, elle témoigne d'un signe d'appartenance, d'une fidélité aux comportements familiaux. Bien peu de possibilités sont laissées à l'enfant d'en sortir.

Autre exemple : les timidités corporelles, les complexes physiques. Une mère qui complexe d'avoir un nez bossu peut avoir une certaine inhibition sociale qu'elle risque de communiquer à son enfant qui a le même nez. De même, les parents « nuls en sport » influencent bien souvent leurs enfants : ce sont parfois les premiers à cautionner leur éventuelle désertion des cours de gym !

Les caractéristiques de vie

Les influences parentales sur la façon de se comporter sont capitales. Cependant, les situations de vie auxquelles un enfant est confronté peuvent largement influer sur ses inhibitions.

□ Carences affectives et éducatives

Bien sûr, on peut être aimé et néanmoins timide, mais l'absence d'amour ou sa mauvaise qualité inhibe considérablement la personnalité d'un enfant.

Nous avons vu des transmissions plus ou moins volontaires de styles de comportement familial nocifs. Malheureusement, certains enfants vivent en plus des carences affectives ou éducatives graves. Celles-ci peuvent provoquer une forte rébellion et un comportement antisocial marqué chez l'enfant qui les subit. Elles peuvent aussi se traduire par une inhibition notable dans tous les secteurs de la personnalité. La sphère relationnelle est souvent touchée en première ligne.

□ La question de la honte

La honte est un sentiment fréquent chez les enfants qui ont vécu ou vivent dans des conditions sociofamiliales marginales. C'est le cas, hélas, dans les foyers où règnent la négligence, voire les mauvais traitements. Outre la souffrance directement liée à la situation, le regard des autres, sur soi et sa famille, est souvent insupportable.

Le retrait social, l'évitement des rencontres, l'absence d'amis complètent un tableau d'isolement souvent pitoyable.

Axelle a 11 ans et se trouve en CM1 avec un retard scolaire dû à des difficultés psychologiques et à un milieu familial négligent. Ses parents sont absorbés par leurs défaillances sociales et touchés par l'alcoolisme. Axelle n'est pas très bien habillée, ses habits sont souvent sales, elle n'est pas vraiment coiffée et a parfois des traces de nourriture sur le visage.
Les autres élèves de la classe se moquent d'elle et le maître a voulu crever l'abcès en prenant Axelle en tête à tête pour parler de sa vie à la maison. La petite fille s'est un peu confiée, et, inquiet de ce qu'il entendait, le maître a demandé une réunion éducative la concernant. Lors de la confrontation d'Axelle et sa famille avec les enseignants et le médecin scolaire, l'enfant s'est mise dans une colère froide violente, traitant le maître de menteur, niant les propos qu'il avait tenus et renversant une table avant de se précipiter hors de la salle.
Comme Axelle est généralement en retrait, voire repliée sur elle-même et qualifiée de « timide » par ses enseignants, l'assemblée réunie a eu l'impression d'assister à une expression colérique surprenante. Celle-ci était pourtant tout à fait en rapport avec la timidité réactionnelle et sociale d'Axelle, mais située sur le pôle inverse de celui habituellement observé chez elle.

Les parents toxiques

Dans certains cas, il y a une véritable action de sape sur un enfant. Les agissements des parents visent à casser consciemment sa personnalité : ce qu'ils veulent, c'est en faire un être craintif et inhibé livré à leur bon vouloir. Ces comportements sont bien sûr très pathologiques.

□ Parents tyrans

C'est par exemple le cas des parents « tout-puissants ». Se considérant comme plus que parfaits, ils vont abuser de leur pouvoir sur leur enfant qu'ils maintiennent dans leur dépendance. À leurs yeux, ses tentatives de différenciation ou d'affirmation constituent une attaque dirigée contre eux. Alors, ils vont se protéger en sabotant toute possibilité pour lui de se poser en tant qu'individu.

On s'en doute, ce type d'éducation ne donne pas de bons résultats. L'enfant voit sa capacité de croire en soi et son nécessaire amour-propre fortement mis à mal. Et tout cela crée une timidité puisque les parents sont les seuls à pouvoir décider la moindre chose.

Dans ces familles, la domination abusive est criante. Mais une autre catégorie de parents exerce une domination cachée tout aussi nocive. Chez eux, les enfants sont systématiquement découragés d'essayer, d'explorer, et deviennent souvent craintifs et angoissés. La domination n'est donc pas forcément manifeste et exercée par des parents caricaturalement autoritaires. Dans certaines situations, elle s'exerce « pour le bien » de l'enfant, et elle est d'autant plus difficile à contrer qu'elle est insidieuse.

Pour que leur enfant puisse évoluer, il convient d'abord que ces parents abusifs de manière ouverte ou latente acceptent de se détacher de leur identité parentale et arrivent à exister pour eux-mêmes. S'ils parviennent à se considérer comme des sujets en dehors de leur rôle familial et à régler leur propre relation à l'autorité, ils auront fait un grand pas. Peut-être alors pourront-ils considérer leur enfant comme un être à part entière et lui laisser un plus grand champ d'expression.

□ Parents incohérents

Dans un registre différent mais tout aussi compliqué à vivre, on rencontre des parents souffrant de désordre mental et d'instabilité affective. Eux aussi sont toxiques auprès de l'enfant, pour qui ils ne peuvent pas constituer de guides fiables. L'absence de références familiales crée un flou dans lequel il n'est pas facile de se projeter. Nombre d'enfants ainsi élevés vont préférer rester dans une position basse, tapie, n'osant pas, ne prenant pas parti, ne se prononçant ni pour eux, ni pour autrui.

Cette incompétence parentale est parfois difficile à repérer car assez insaisissable, contrairement aux cas de maltraitance avérés. Il arrive d'ailleurs que ces parents soient si perturbés qu'ils suscitent eux-mêmes une certaine pitié, y compris auprès de leurs enfants qui ont facilement tendance à prendre leur défense en minimisant les problèmes rencontrés.

□ Parents violents

Il faut parler enfin de ces parents qui font régner un tel climat de peur qu'il est impossible pour leurs enfants de s'épanouir de quelque façon que ce soit. Une fois grands, leurs relations aux autres restent longtemps marquées par ce modèle parental angoissant, voire terrifiant.

Même si la maltraitance est moins marquée, les échanges avec les autres resteront empreints de méfiance et d'une certaine peur. Comment un enfant pourrait-il adopter une position assurée dans la vie quand ses premières relations affectives ont été ainsi laminées ?

Un vécu de différence

Parfois, ce n'est pas l'influence des parents, mais la vie qui projette de fait l'enfant dans une situation spécifique. Le sentiment d'être différent peut alors aisément provoquer une entrave à l'affirmation de soi.

□ L'enfant unique

Bien que ce ne soit pas un facteur déterminant, dans certains cas, être enfant unique peut renforcer une timidité acquise par ailleurs. Cela concerne surtout ceux qui sont élevés en vase clos, dans un triangle étouffant pour leur développement. Souvent, pour eux, le chemin vers une affirmation de soi sera long.

S'affranchir du poids des identifications

Être l'unique enfant « coincé » entre deux représentations parentales ne rend pas toujours facile de se frayer une voie personnelle. Souvent, cette voie est compliquée à trouver et à poser, alors elle s'exprime plutôt en demi-teinte. Deux cas extrêmes peuvent se présenter.

Prenons des parents avec énormément de « tempérament », des choix de vie tranchés, des idées affirmées. Leur enfant unique peut se sentir écrasé par toutes ces certitudes. Il n'a pas d'autre exemple pour savoir comment « faire avec ». Ce serait pratique, dans ce cas, d'avoir des frères et sœurs pour avoir des idées différentes sur comment devenir l'enfant de ces parents-là... à sa propre façon.

À l'opposé, l'enfant unique de parents inhibés risque de s'identifier à ses parents autant par peur de l'extérieur que pour les ménager. En effet, a-t-on le droit de développer une personnalité brillante et imposante et de dépasser ses propres parents effacés qui ont peur de s'imposer ? Cette situation, dont on a vu qu'elle est peu évidente pour tous les enfants, devient critique pour un enfant unique. Pas d'alternative, pas de frère ou sœur qui aurait choisi la voie timide, laissant l'ouverture pour un autre, ou qui se serait affirmé sans pour autant démolir les parents, autorisant ainsi à faire comme lui sans culpabilité.

Difficile d'être un contre deux

Quand la situation se complique en famille, la barrière des générations, ou au moins la différence de générations, permet de constituer un clan contre un autre : les enfants contre les parents. Ce qui, temporairement, est de bonne guerre et fait partie du jeu des alliances familiales.

Mais pour les enfants uniques, pas de clan, pas de support pour lutter contre le bloc que peuvent parfois former les parents. Celui-ci apparaît comme un mur infranchissable et l'enfant se sent bien petit ! Sa capacité à se révolter, à critiquer, bref à s'opposer peut être sérieusement mise à mal...

Le poids très lourd du transgénérationnel

L'enfant unique se doit de reprendre le flambeau du patrimoine familial. Il n'a pas forcément le choix, face à une demande consciente ou latente de ses parents de reprendre leur métier ou leur entreprise. Comment dire non, puisque l'on représente la seule descendance ? Il est parfois impossible alors de s'affirmer à travers ses propres désirs.

C'est ainsi que certains enfants vivent une contrainte qui les bloque dans leurs choix et contrarie leur personnalité. S'ils parviennent plus tard à s'affirmer en refusant la voie tracée par leurs parents, c'est parfois au prix d'une grande culpabilité.

□ L'enfant précoce ou surdoué

Bien sûr, la différence de l'enfant surdoué n'entraîne pas inévitablement un problème de timidité et a priori elle semble plutôt enviable. Cependant, comme toute particularité, elle peut amener une certaine inhibition psychologique.

Une modestie embarrassante

L'enfant très doué est à l'aise scolairement, au moins dans certaines matières, et peut craindre de vexer les autres ou de les blesser. Il connaît les bonnes réponses, mais il se freine parfois lui-même en communiquant peu et en restant relativement en retrait. Ce n'est pas forcément facile d'assumer que l'on est un « très bon », voire un « excellent ».

Des centres d'intérêt qui isolent

Réussir, être brillant, ne va pas toujours de pair avec la popularité. Bien souvent, l'attrait pour les « choses intellectuelles » marginalise l'enfant précoce. Pour peu qu'il ait un an d'avance, voire deux, le décalage psychosocial est garanti !

> Pierre-Alain, en 6e, surdoué de la musique et passionné d'histoire, a proposé à sa classe un exposé sur le chant sacré au XIXe siècle... Ce travail, très documenté, a été plutôt mal reçu. Les élèves, en majorité, ont classé Pierre-Alain dans la catégorie des « intellos ennuyeux » et ne lui parlent guère. Cela a renforcé sa timidité naturelle, et il est franchement laissé de côté. Il s'affirme certes intellectuellement mais manque de confiance en lui sur le plan affectif et social.

Une réussite culpabilisante

Paradoxalement, il peut être difficile de réussir. Un élève brillant peut éprouver d'étonnantes réactions de culpabilité vis-à-vis des autres enfants. C'est ainsi que certains « surdoués » à l'école vont en quelque sorte payer leur réussite par un effacement relationnel. D'autres minimisent systématiquement leurs performances, et ils finissent parfois par croire eux-mêmes ce qu'ils racontent, jusqu'à ressentir une faible estime d'eux-mêmes sur le plan scolaire malgré leur réussite.

Une sélectivité qui peut conduire à un isolement extrême

Au-delà de ses bonnes performances, l'enfant surdoué développe fréquemment des centres d'intérêt en avance sur son âge ou très éloignés des préoccupations habituelles de ses camarades. Tel celui-ci qui se passionne pour l'astrophysique, ce qui laisse froids ses copains de classe de CE2. Ou encore cette petite fille de 9 ans férue de littérature poétique du XVIIe siècle et incollable sur la vie au Moyen Âge, sujets évidemment difficiles à partager quand on est à l'école primaire !

Cas extrême, Sylvain, en 6e, est tellement passionné par l'histoire qu'il lit sans arrêt, dès qu'il n'est plus en cours, en récréation bien sûr, mais aussi durant les interclasses, où on le croise dans les couloirs, le nez dans un livre. Cela ne facilite pas les contacts et suscite des moqueries qui renforcent encore l'attitude de retrait de Sylvain.
Est-il devenu timide par isolement progressif, ou bien cache-t-il sa difficulté relationnelle derrière les couvertures de ses chers bouquins ? Le résultat est le même : il passe pour un enfant « sauvage » qui ne vit pas sur la même planète que les autres et il a un mal fou à se faire des copains.

Face à la bizarrerie des goûts de tels enfants et devant la complexité de leurs intérêts, les jalousies apparaissent vite et ne facilitent pas leur insertion scolaire. Assez naturellement, l'hostilité ambiante les amène à se protéger à l'excès et crée chez eux des comportements de retrait liés à des peurs. Crainte des manifestations de jalousie, hantise de ne pas être compris, et parfois même peur du groupe qui apparaît en face homogène et solidaire.

L'enfant surdoué est souvent très lucide sur la difficulté des rapports humains. D'où parfois une philosophie de vie en « ermite » : il s'abrite derrière cette attitude pour éviter une confrontation peu satisfaisante.

Le handicap ou la disgrâce

□ Les complexes physiques

Dans notre société du paraître, l'aisance relationnelle et sociale est largement influencée par l'aspect physique. Nous adhérons parfois malgré nous à cette société de l'image, et nos enfants aussi, du moins à partir d'un certain âge. En effet, chez les petits, l'allure du corps n'est pas prise en compte. Peu importe, à 3 ans, que l'on soit grand, petit, gros, avec des lunettes ou d'allure empotée... L'essentiel, c'est de s'amuser et de vivre des moments de plaisir.

Mais cette attitude évolue avec l'âge, et même assez rapidement. De plus en plus tôt, parfois dès 6 ans, les enfants se font une idée de ce qui est beau ou pas et de ce qui est à la mode (merci, la télé et la pub !). L'influence directe de leurs parents renforce parfois leurs opinions, et les camarades de classe font des remarques... C'est ainsi que le regard des autres devient prépondérant sur l'idée que se fait l'enfant de son apparence. Dès lors, son aspect physique peut devenir une vraie préoccupation. Lorsqu'il estime, à tort ou à raison, avoir une différence négative, une disgrâce, un complexe peut s'installer. S'ensuit un cortège de symptômes allant de l'autodépréciation à l'isolement relationnel.

Cette prise de conscience de quelque chose qui ne va pas peut être progressive ou brutale. Elle n'a pas forcément de réalité objective. En tout cas, elle est presque toujours ancrée dans le regard et les mots des autres, enfants ou adultes.

> Ameline, 8 ans, vient consulter car depuis la rentrée, dans la cour de récréation, elle se fait traiter de « grosse vache » et autres mots doux... Cette petite fille n'a pas vraiment de surpoids, mais une morphologie particulière avec des jambes très fines et un ventre assez proéminent, comme cela arrive chez les enfants beaucoup plus jeunes. Elle est assez carrée avec des épaules larges pour une petite fille.
> L'an dernier, Ameline avait à peu près la même apparence et pourtant il n'y avait aucun problème. Mais cette année, c'est le drame. Une série de remarques l'ont peu à peu rendue très complexée. Elle refuse maintenant d'aller en récréation, de mettre ses vêtements habituels... elle n'ose plus se montrer.

Que faire dans un tel cas ? La situation est très douloureuse et ne repose même pas sur un vrai problème d'obésité qui pourrait être amélioré. Pourtant, si la situation persistait, on voit bien comment un complexe physique pourrait entraîner une série de comportements d'inhibition. Les évitements relationnels se prolongent parfois durant toute la vie : nombre d'adultes timides le sont devenus à la suite de remarques plus ou moins appuyées sur leur aspect physique durant leur enfance. Ils les ont vécues durement et n'ont jamais pu s'assumer vraiment par la suite. Beaucoup de complexes apparaissent en effet au cours de cette période de l'enfance où l'on commence à être réceptif aux regards et soucieux de plaire.

La famille, qui sert souvent de protection, ne peut empêcher l'enfant de se sentir mal à l'aise dans les activités extérieures. Mais, s'il est surprotégé ou cautionné dans sa différence à la maison, il aura d'autant plus de mal à assumer des relations extérieures moins indulgentes ou sans chaleur.

□ La réalité d'une différence

Au-delà des ressentis particuliers, le sentiment d'être différent peut aussi s'appuyer sur des éléments objectifs. Le sentiment d'être autre est réel et il va falloir vivre avec.

Cependant, si la différence est si mal vécue, n'est-ce pas parce qu'elle se traduit souvent dans l'esprit des gens par un « moins » ? On stigmatise en effet rarement celui qui est différent parce qu'il a une intelligence, une fortune ou une beauté exceptionnelles... Donc, derrière l'appellation « enfant différent », il y a au mieux de la pudeur et du tact, au pire de l'hypocrisie.

Force est de constater que la réalité d'une différence par manque, maladie ou accident est une réalité de chaque moment, et que celle-ci est souvent douloureuse. Un enfant avec un handicap de naissance peut vivre une sensation terriblement difficile. Plus qu'un autre, il risque de développer une inhibition relationnelle, une timidité sociale ou affective, en particulier hors de sa famille, mais aussi parfois avec le secours inconscient de celle-ci.

Solène, 5 ans, est née avec un angiome sur le visage. Sa mère ne l'a jamais accepté. Elle évoque elle-même les nombreuses consultations médicales auxquelles elle s'est rendue, mais à chaque fois, les médecins ont conseillé d'attendre pour tenter une éventuelle opération. « Sinon, elle serait mignonne », dit cette mère, qui a souffert pour son enfant avant même que celle-ci n'en soit gênée personnellement.

Mais Solène se rend compte qu'elle déplaît à sa mère et qu'elle porte sur le visage une marque qu'il faudrait éliminer. Alors, elle se cache le visage dès qu'elle le peut, prenant l'habitude de parler tête baissée. Elle évite les yeux de l'autre en regardant sur le côté. Elle perd peu à peu le naturel de la relation et n'a pas le plaisir de la communication visuelle. Ce comportement réactionnel de timidité est pris pour une attitude sournoise qui la dessert, à l'école comme à la maison.

Naturellement, des handicaps corporels plus lourds risquent de provoquer encore plus facilement ce type de réaction.

Bien sûr, de nombreux enfants et adultes handicapés vivent bien leur situation. Ils se sont affirmés haut et fort dans l'existence, jusqu'à parfois tisser la réussite de leur vie autour de leur handicap. On pense à Patrick Segal, l'auteur de *L'Homme qui marchait dans sa tête*, à Gilbert Montagné, aux extraordinaires comédiens du Théâtre des sourds à Vincennes... Même dans la vie quotidienne, de nombreux handicapés sont à l'aise en société et s'épanouissent affectivement. C'est probablement un effet du phénomène de résilience grâce auquel l'être humain peut, dans l'adversité et grâce à des rencontres clés, tirer parti de la difficulté pour progresser et réussir sa vie malgré tout.

Cependant, il n'en va pas de même pour tous les enfants porteurs d'un handicap. Beaucoup sont inhibés, évitent certaines situations trop exposées pour eux, restreignent leur champ relationnel. La difficulté à vivre est alors massivement liée à ce que l'on appelle une « blessure narcissique », occasionnée par l'atteinte d'une partie du corps. Elle renvoie à l'étape première d'amour de soi, celle où s'élaborent les bases de l'estime de soi.

Si l'image de soi que se forge l'enfant à ce moment-là n'est pas satisfaisante, son narcissisme est entamé et sa confiance en soi peinera à s'établir. Cette image est souvent au départ projetée par les parents : il s'agit alors de leur propre difficulté à investir le corps « abîmé » de leur enfant. Leur propre blessure narcissique, si elle n'est pas surmontée, va dévaloriser l'enfant avant même qu'il n'ait conscience de sa particularité.

Il est difficile de généraliser le vécu du handicap, mais quelques attitudes sont néanmoins repérables chez la plupart des enfants atteints dans leur intégrité physique. Une sorte de timidité réactionnelle se met souvent en place, que ce soit sur le pôle de l'inhibition ou sur celui de l'externalisation. Les attitudes passives ou régressives provoquées par des soins et un suivi intensif et permanent annihilent la capacité d'oser. Ainsi, l'enfant handicapé se retrouve confiné dans une absence sociale et relationnelle préjudiciable à son épanouissement. Il s'ennuie, se retire de toute activité, se désintéresse de ce qui se passe autour de lui et se concentre sur son corps. Au-delà des limitations imposées par le handicap, la surprotection parentale, engendrée par l'angoisse liée au contexte, accentue ce comportement de retrait.

Parmi ces enfants repliés sur eux-mêmes, on trouve fréquemment les enfants déficients visuels. Bien souvent, ils ont tendance à l'isolement et aux jeux solitaires. Leur situation de dépendance leur fait souvent refuser l'échange, voire la simple confrontation avec les autres.

Sur un versant apparemment opposé, d'autres enfants handicapés peuvent manifester de l'agressivité, dans un mouvement de révolte ou un déni de la réalité des contraintes du handicap. C'est souvent le cas des enfants atteints de surdité, chez qui les manifestations de gêne relationnelle prennent facilement un aspect caractériel. Ces comportements de colère trahissent un malaise et, la plupart du temps, manifestent plus une difficulté de communication et la crainte d'être rejetés qu'une réelle pathologie. Mais il y a parfois, au-delà d'une simple timidité, une très grande peur à la base de ces attitudes offensives. Ces pulsions agressives sont également préoccupantes car susceptibles de se retourner contre l'enfant lui-même ou de s'exprimer de manière dangereuse vis-à-vis d'autrui.

□ Le vécu d'une différence sociale ou raciale

Il n'y a pas de déterminisme absolu, mais l'on peut constater que certains enfants éprouvent des difficultés à s'affirmer, à cause d'un facteur social.

Les parents de Mélanie, 10 ans, sont les gardiens d'un immeuble situé dans un quartier très cossu de Lyon. Elle va à l'école du secteur où elle croise des enfants de milieu très favorisé, avec lesquels elle partage peu.
Les codes sociaux en vigueur dans leurs groupes, en matière de sorties, de loisirs, de rencontres, ne sont pas du tout les mêmes. Sur le plan vestimentaire, elle se trouve vite en décalage. Elle n'a pas les moyens financiers de s'habiller comme les autres. En classe, elle se sent relativement à l'aise, car travail et professeurs sont les mêmes pour tous. Mais dans les situations plus ouvertes comme les temps de récréation ou, pis, les invitations, c'est la panique !

Les complexes de classe sont encore fréquents, même si les modes et les centres d'intérêt médiatiques ont tendance à fédérer les enfants autour de sujets indépendants de leur milieu. Ils aiment tous Laurie et la Star Ac'(ou ils détestent !), ils font du foot dans la cour de récré, ont vu le dernier film de Disney... Il n'empêche que certains vont se sentir inférieurs, car ils n'ont pas le même niveau de vie, et pas de vacances de rêve à raconter en classe.

Certains professeurs, qui croient bien faire en demandant à leurs élèves de raconter leur week-end, mettent certains d'entre eux en infériorité. C'est un moment difficile pour ceux qui, issus d'un milieu modeste, ne sont pas allés au golf, n'ont pas participé à une fête champêtre dans le jardin de mamie, ni découvert le répertoire de théâtre classique pour enfants... Il n'est bien évidemment pas question, dans l'esprit du professeur, de hiérarchiser les occupations intrafamiliales : une partie de cartes à la maison ou une promenade dans la forêt voisine peuvent avoir tout autant de valeur. Mais, chez l'enfant, l'impression de faire moins ou moins bien, de ne pas avoir une famille aussi évoluée et passionnante que les autres peut entraîner des inhibitions notables. Il pourra même se sentir gêné de ce que représentent ses parents, ce qui sera un frein à son affirmation au sein d'un groupe. Ce vécu honteux peut coller longtemps à la peau, même quand on est devenu adulte.

Pascal, maintenant professeur de français, raconte ses années de honte, alors qu'il était fils de camionneur, dans un internat privé rempli de fils de riches : « J'étais perdu, je n'avais pas les mêmes habitudes de vie. Mes parents ne m'emmenaient nulle part en vacances, je n'avais jamais pris l'avion. Tous les jours, mes vêtements reprisés et datant de l'année d'avant me donnaient l'impression d'être un laissé-pour-compte. » Il avait mis des mois à se faire des amis, ceux-ci devant forcer le barrage de la timidité sociale de Pascal, qui refusait l'idée que l'on puisse avoir envie de la compagnie d'un « pauvre ».
Encore maintenant il reconnaît avoir honte de ses origines et ne révèle que rarement le métier de ses parents. Dans son milieu enseignant actuel, où règne une sorte de bienséance culturelle et intellectuelle, cela ne passerait pas, d'après lui, d'être « un fils de prolos qui s'est hissé au côté de gens de milieu raffiné ».

□ Traumatismes et brimades

Un handicap ou une différence sociale peut faire subir à un enfant des remarques blessantes, et même des expériences choquantes.

Mais parfois, dans des vies a priori bien moins exposées, l'entourage peut manifester des réactions qui enclenchent aussi des inhibitions durables. C'est ainsi que certains enfants endurent, en famille ou à l'école, des vexations qui vont conditionner largement leur attitude socio-affective ultérieure. Lorsque ces situations ont été particulièrement marquantes ou se répètent, on peut même parler de traumatisme.

Sophie avait 4 ans et demi quand elle a vécu à l'école une expérience qui a marqué son existence. Lors d'un épisode de gastro-entérite, elle est à l'école, assise sur son banc, quand, soudain, elle fait dans sa culotte. Une odeur pestilentielle se répand aussitôt dans la classe. La maîtresse intervient avec gentillesse et fait sortir Sophie pour qu'elle aille se nettoyer aux toilettes. Cependant, elle ne peut empêcher complètement les huées et manifestations de dégoût plutôt expansives des voisins de table de la petite fille qui donnent des descriptions détaillées de la « chose » avec le sadisme propre à leur âge.
Sophie, 40 ans maintenant, dit avoir toujours ressenti une gêne à se lever en public pour prendre la parole, et garde une hantise des odeurs corporelles qui la rend timide. Elle se rappelle la honte violente éprouvée quand sa maîtresse a évoqué ce qui s'était passé devant sa mère : celle-ci non seulement a exprimé sa réprobation, mais, de peur qu'elle ait un problème de propreté, elle n'a cessé ensuite de l'exhorter à ne pas recommencer.

Voilà comment un événement pénible et désagréable peut prendre valeur traumatique dans un certain contexte psychique et familial, et avoir des conséquences importantes sur l'aisance relationnelle d'un enfant.

D'autres événements moins marquants peuvent être tout aussi destructeurs. C'est le cas des brimades répétées pendant des mois ou des années, à propos par exemple d'un nom de famille difficile à porter : quand on a longtemps subi des moqueries sur son nom, symbole si fort socialement, il peut être bien compliqué de s'affirmer à travers lui.

Autres humiliations, les bizutages dégradants, qui sont fort heureusement maintenant punis par la loi. Ils ont fait cependant de nombreuses victimes, parfois rendues socialement timides à vie. S'ils sont aujourd'hui moins virulents, les attaques individuelles plus ou moins secrètes, exercées en général sur un enfant plus faible, ont la vie dure. Certains de ces actes dégradants peuvent tellement marquer un enfant que, quelques années plus tard, même s'il en a refoulé le souvenir, on observe chez lui des inhibitions inexplicables, des manifestations de peur irrationnelles. Celles-ci apparaissent comme des protections psychiques afin de se protéger des souffrances endurées dans l'enfance, même si elles ne sont plus adaptées aux situations vécues dans le présent. On peut rester longtemps « collé » à l'enfant blessé que l'on a été sans pouvoir s'affirmer normalement. C'est ainsi que de nombreuses victimes enfantines de sévices psychologiques ou corporels deviennent des adultes mal insérés dans leur vie sociale et affective.

3

Quand s'affirmer est compliqué

Quand un enfant est timide, comment se traduit sa difficulté à s'affirmer ? La particularité de l'inhibition, c'est qu'elle peut s'infiltrer partout, depuis les manifestations corporelles incontrôlables jusqu'aux relations avec les autres. Elle peut avoir des effets complètement paradoxaux et se dissimuler derrière des comportements qu'on qualifierait d'extravertis, voire excessivement, et que l'on n'associerait pas spontanément à une difficulté à s'affirmer.

L'inhibition peut même être une manière de se structurer, et certaines personnalités d'enfants se construisent autour de ce manque d'affirmation de soi.

Le pôle de l'inhibition

Généralement, les problèmes d'affirmation se traduisent par du « en moins » ; c'est pourquoi ils se rattachent pour la plupart à de l'inhibition, une notion qui contient bien sûr une idée de limitation, et qui peut aller jusqu'à une anxiété, voire une angoisse parfois paralysante. Elle décrit un comportement, mais elle peut également se rapporter à l'activité psychique et entraîner toute une série de complications psychologiques.

Il peut être utile, pour aider un enfant qui a du mal à s'affirmer, de localiser cette inhibition. S'exprime-t-elle plutôt au niveau corporel ou dans les relations avec les autres, ou encore au niveau des performances ou du comportement scolaires ?

□ Un enfant paillasson ?

Les termes utilisés pour qualifier un enfant qui a du mal à s'affirmer ne sont pas toujours très délicats, on pourrait même les trouver parfois agressifs. Que dire par exemple du terme « enfant paillasson » utilisé par certains ? Il traduit probablement un sentiment souvent suscité par l'enfant timide, à savoir une envie de le faire parfois encore plus petit qu'il n'est. Il est tentant de le désavouer, peut-être parce qu'il nous renvoie à nos propres inquiétudes sur notre capacité à nous affirmer. Car ces zones d'ombre qu'il projette, nous les connaissons probablement tous, à un moment ou un autre.

Avons-nous envie d'éliminer ce timide pour effacer ce qui est insupportable en nous ? C'est une question que l'on peut raisonnablement se poser dans notre société où il faut à tout prix être un battant.

Même l'institution scolaire s'y met, par le biais des commentaires professoraux sur l'enfant qui a du mal à participer, et qui semblent mettre un acharnement opiniâtre à enfoncer le clou. D'ailleurs, peu d'ouvrages traitent de la timidité en psycho-pédagogie, alors qu'ils abondent sur les enfants hyperactifs, les caractériels, les boulimiques...

Cet enfant réservé nous mettrait-il mal à l'aise ? Lui qui se sent si peu affirmé qu'il se cache sous plusieurs épaisseurs, nous aimerions plus charitablement l'appeler l'« enfant papillote ».

□ Le corps intimidé

Paula ou l'enfant qui cassait tout sans le faire exprès

La maladresse fait rire au cinéma. Mais, dans la vraie vie, ce n'est pas toujours aussi drôle.

> Paula, 7 ans, est très critiquée par son père, qui dit ne rien pouvoir lui donner à transporter car elle le lâche, surtout si cela se casse. Paula se cogne souvent dans les portes. À table, une fois sur deux, le contenu de sa fourchette tombe sur la nappe. À l'école, c'est pire : la petite fille redoute d'être interrogée au tableau car presque à chaque fois elle s'emmêle les pieds, bute sur l'estrade et finit par terre, sous les rires de ses camarades et les remarques agacées de la maîtresse.

La notion de maladresse est peu définie sur le plan psychologique, bien qu'elle représente un problème réel pour bien des enfants. Ces difficultés de déplacement ou de maniement d'objets, mineures dans la plupart des cas, sont néanmoins assez invalidantes pour l'enfant qui en est victime. De plus, elles sont difficiles à supporter pour l'entourage que leur aspect répétitif lasse vite.

Ce trouble traduit bien souvent un manque de confiance en soi, une problématique de l'affirmation. Car il ne s'agit pas ici de maladresses pathologiques relevant de troubles graves de la spatialisation ou d'atteintes du schéma corporel, mais de maladresses liées à une inhibition relationnelle. Dans la plupart des cas, la dimension affective est nette. En effet, la relation est au centre de ces ratages du comportement. Ainsi, pour Paula, être regardée, jugée par un groupe d'enfants quand elle va au tableau, être chargée d'une mission par son père à la maison, ou bien manger avec d'autres à la table des grands...

On trouve souvent une mesure de la tension intérieure

des maladroits à la hauteur de leur attitude gauche et inadaptée. C'est ainsi qu'ils envoient des signaux de leur difficulté d'adaptation au milieu scolaire ou bien de leur angoisse de ne pas se montrer à la hauteur des exigences familiales.

La maladresse est donc très dépendante de l'ambiance et des circonstances de l'acte demandé. L'enfant maladroit l'est souvent en fonction de l'enjeu : plus la pression augmente, plus il risque de lâcher ce qu'on lui demande de porter. L'appréhension et le désir de bien faire se mélangent souvent pour le pire, traduisant surtout une difficulté à s'affirmer. Ces attitudes peuvent relever aussi d'un sabotage inconscient : « Puisque je me sens incapable, je vais mettre en acte cette incapacité en tombant. »

Il est très utile de repérer ces comportements et de tâcher de les enrayer, afin de rompre ce cercle d'incapacité dans lequel l'enfant maladroit peut finir par s'enfermer plus ou moins volontiers. L'irritation grandissante de l'entourage ne fait qu'amplifier son angoisse et donc augmenter ses maladresses. Lui proposer des actes moins chargés symboliquement, ou moins impressionnants à réaliser, est une bonne idée. Une réussite en entraînera une autre.

Joachim ou l'enfant qui ne savait plus réfléchir

Joachim, 10 ans, est un enfant travailleur, qui se met sans problème à ses devoirs le soir. Mais, lorsque sa mère veut le faire réciter et l'interroge sur ce qu'il vient d'apprendre, c'est le blocage total. Impossible de sortir un son.

Cette maman s'énerve un peu... Il vient de travailler une heure sur la géométrie, mais, quand elle lui demande ce qu'est un triangle rectangle, il reste figé et finit par balbutier : « Euh, un losange ? » Si elle reprend avec lui, elle constate qu'il a bien compris la leçon. Mais, quelques instants plus tard, quand elle veut vérifier de nouveau, les réponses sont toujours fausses, avec un côté cocasse qui échappe cependant à la maman : « Un triangle isocèle euh... c'est une épithète ? » Pétrifié, il en vient à mélanger ce qu'il vient de travailler avec les leçons de grammaire de la veille, et tout s'embrouille. Il n'arrive plus, non seulement à se concentrer, mais à penser tout court.

C'est un fait, sous l'effet de l'angoisse, la pensée peut se figer. Puis, dans le chaos, des éléments entiers de connaissance sont oubliés et des séquences de phrases automatiques peuvent sortir de la bouche d'un enfant. Ce qui surprend, dans le cas de Joachim, c'est que la situation ne paraît pas a priori très impressionnante : il ne s'agit pas de passer le grand oral de l'ENA ! Sa mère n'est pas non plus un monstre tyrannique : elle est simplement vigilante en ce qui concerne les apprentissages de son fils. Il s'en sort d'ailleurs plutôt bien à l'école... Alors, que se passe-t-il ?

La difficulté à s'affirmer peut être majorée par de nombreux facteurs, qui agissent souvent de manière inconsciente. Ainsi, pour un enfant, montrer ses connaissances à un adulte important à ses yeux peut déjà enrayer le processus. Si cet adulte fait une demande pour « vérifier », il peut le vivre inconsciemment comme une intrusion insupportable et se défendre. Alors, il dira n'importe quoi, sans rapport avec la question, sans le faire exprès, ce qui traduit un vrai malaise dans l'affirmation de soi. Dans ce cas, ne pas pouvoir répondre, c'est ne rien vouloir oser de soi, par protection, mais aussi par manque de confiance en ses capacités.

Raphaël ou l'enfant qui devenait rouge comme une... cerise ?

Raphaël, 6 ans et demi, est un petit garçon qui a l'air plutôt heureux. Il a des copains, travaille correctement en classe et ne s'étripe pas au-delà de la norme avec ses frères et sœurs. Mais il rougit pour un oui ou pour un non, ce qui, bien sûr, lui gâche une bonne partie de l'existence.

Bien sûr, nombre d'enfants – et d'adultes d'ailleurs – rougissent lorsqu'ils ont commis une bêtise ou lors d'expériences impressionnantes. Mais, dans le cas de Raphaël, rien de tout cela ! Il ne commet pas sottise sur sottise et ne vit pas de situations particulièrement intimidantes. Rougir est alors une manifestation de gêne, disproportionnée en regard de la cause déclenchante. Souvent, de plus, cela survient de manière un peu imprévisible.

Autre inconvénient : le rougissement est bien visible ! De ce fait, il génère de nombreuses réactions dans l'entourage des enfants qui en sont victimes. Moqueries, remarques et comparaisons imagées fusent. Tout cela aboutit évidemment à accentuer la gêne du petit « rougisseur », qui rougit encore plus, et le malaise va grandissant !

Plus dur encore, car source de malentendus, le rougissement peut amener à supposer que celui qui en est victime est coupable de quelque chose. Ainsi, si le directeur de l'école entre dans une classe en demandant que celui ou celle qui a dégradé une porte se dénonce, il y a fort à parier qu'un petit Raphaël, pris d'angoisse, va se mettre à rougir, semblant signer là un aveu. Combien de méprises ont-elles pu ainsi se produire ?

Le rougissement survient quasiment toujours dans des situations d'exposition au regard des autres : ce dont l'enfant souffre alors, c'est de se sentir jugé, évalué de mauvaise façon. Ce rougissement est bien sûr incontrôlable. Toutefois, dans certains cas extrêmes, un enfant timide peut aussi se sentir rougir alors qu'il est seul ! Ces enfants sont en effet tellement la proie de leurs émotions que la seule évocation d'une situation qui les a marqués peut déclencher la rougeur.

Dans les deux cas, l'inconscient est aux commandes. Il s'agit d'une problématique d'affirmation de soi qui se traduit par une émotion du corps : l'angoisse de ne pas être à la hauteur, d'être mal jugé ou accusé d'une faute que l'on n'a pas commise, renvoie à un sentiment de culpabilité flottant qui se greffe sur différentes situations.

Parfois, le rougissement est déclenché par un fait qui n'a apparemment rien à voir avec une situation anxiogène – ce qui est très déroutant pour l'enfant. C'est que l'inconscient a pu procéder par association d'idées : un événement bénin a ainsi pu être connecté à toute une série d'éléments ayant un sens plus lourd. Malheureusement, ces enchaînements et leur signification demeurent bien souvent inaccessibles à la conscience. Inutile donc de se fâcher contre l'enfant : « Enfin, pourquoi tu rougis, là, il n'y a pas de raison ! », l'origine de la gêne lui échappe tout autant qu'à ses parents... Mais le malaise est bien réel.

Ces rougissements intempestifs finissent par entraîner des comportements de timidité et d'évitement. C'est ainsi que l'enfant peut devenir un vrai « sauvage », fuyant les occasions de rencontre ou de réunion, de peur de rougir.

Il faut aussi souligner l'existence d'une forte charge pulsionnelle derrière le rougissement : en conséquence, il est plus fréquent aux stades où les pulsions sont massivement sollicitées, à l'âge œdipien, de 4 à 6 ans, ou à la puberté. C'est ainsi que se traduit, chez certains enfants, l'affleurement de tensions d'ordre libidinal particulièrement actives. Elles sont l'illustration possible d'une certaine culpabilité inconsciente. Dans ce cas, les rougissements sont souvent transitoires et ils s'atténuent par la suite. Cependant, ils peuvent aussi démarrer à ce moment et persister bien au-delà : citons en particulier les rougissements déclenchés par la présence de personnes de sexe opposé...

Adeline ou l'enfant qui ne pouvait plus parler

Quand il s'agit de prendre la parole face à quelqu'un et surtout dans un groupe, il se passe toujours un imprévu pour Adeline, 12 ans. Soit elle bafouille – ça, c'est quand cela se passe bien –, soit elle parle avec un débit accéléré. Personne ne la comprend alors et on lui demande de répéter. Cela accentue sa gêne, et elle n'arrive plus à commencer une phrase. Un bégaiement s'installe... et c'est le drame pour elle. Comme Adeline n'arrive pas à dépasser cette angoisse, elle se tait la plupart du temps.

C'est un fait : la parole est un des moyens de montrer ce que l'on est et ce que l'on « vaut ». Le poids des mots est particulièrement important dans une relation. Quand un enfant manque de confiance en lui, quand il a du mal à s'affirmer, sa voix et sa manière de parler peuvent le révéler. Ces affectations de la parole sont parfois momentanées, nous les connaissons ou nous en avons tous connu. Mais, chez certains enfants, un trouble de l'élocution en rapport avec une forte inhibition peut s'installer et prendre un caractère plus accentué.

Au-delà des mots bafouillés, comme dans le cas d'Adeline, lorsque la pression devient insupportable, c'est une modification importante du débit qui s'installe. Devant l'incompréhension des autres, sa gêne augmente. Comme bien souvent dans les questions de timidité, un cercle vicieux s'établit. Qui est bien difficile à rompre sans aide extérieure.

Nous le savons, parler met en jeu des processus intellectuels mais aussi affectifs, puisque l'on s'adresse à quelqu'un. De plus, durant un échange verbal, on est sous le regard d'un ou plusieurs autres. Ce qui ne convient pas vraiment à une personnalité timide. Qui plus est, un enfant se sent facilement évalué sur la manière dont il parle. Comme il est parfois repris et corrigé dans sa diction, son manque de confiance ne peut qu'en être accentué. Pour tout enfant timide, la prise de parole est loin d'être un acte spontané et naturel, voire agréable... C'est une épreuve !

Ce genre de difficultés autour de l'expression verbale se remarque dès le plus jeune âge.

Claire, 3 ans, est pratiquement mutique à la crèche, à tel point que les éducatrices s'en inquiètent. Cette petite fille ne se met à parler qu'à la fin de la journée, lorsque sa mère vient la chercher. Et encore, cela n'a lieu qu'à condition de s'adresser à elle en tête à tête.

À la maison, pas de problème, elle est même décrite comme « une sacrée pipelette » par son papa. Mais, dans un groupe d'enfants, c'est autre chose. Surtout quand, pour parler, il faut se faire entendre au milieu de quinze petits diables de 3 ans. Pas d'autre solution que de parler plus fort que le voisin et, surtout, d'accaparer un moment l'attention de l'adulte, dès que celui-ci est un peu disponible.

Il s'agit ici d'un rapport de forces entre enfants. Chacun s'efforce de parler le premier et de garder la parole, même si un autre petit commence à raconter en même temps. Il n'est pas simple de faire entendre sa voix au milieu de la frénésie de communication fréquente à cet âge. Alors, certains enfants, peu à l'aise en groupe ou se sentant moins capables de bien s'exprimer, se découragent et préfèrent le silence. On ne doit bien sûr pas en conclure qu'ils ont un retard de langage ou un problème d'élocution. Simplement, ils ont besoin d'un environnement plus facilitant, qui leur laisse le temps de mettre leurs mots en action.

Parler, surtout lorsque l'on est tout petit, est donc loin d'être une évidence. Lorsque l'on additionne tout ce qui est en jeu dans l'échange verbal, que de sources de blocages :

le message à faire passer, la prononciation, le regard de l'autre, sans oublier les réactions provoquées par les propos tenus, parfois bien surprenantes ! On comprend bien qu'un timide puisse trouver là toutes sortes de bonnes raisons de choisir un mutisme protecteur.

> Thomas, 4 ans et demi, a bien du mal à se faire comprendre. Il parle peu, de manière rapide, et articule mal. De plus, il s'arrange pour que son interlocuteur ne voie pas sa bouche, ce qui rend le décryptage encore plus délicat. Par ailleurs, il a un comportement craintif, se met facilement dans un coin, joue peu.
> Le contraste est frappant avec sa sœur Ilana, qui a pourtant quinze mois de moins que lui mais une excellente élocution et qui adore prendre la parole. Thomas donne l'impression d'être le petit frère alors qu'il est l'aîné. La maîtresse a demandé un bilan psychopédagogique car elle craignait un retard intellectuel chez son élève, ce qui ne se révélera pas être le cas.

Nous vivons dans une société dite « de communication », où il est bien vu de savoir parler, et ce, dès le plus jeune âge. Fréquemment, des enfants sont envoyés chez le psychologue pour faire un test de QI parce qu'ils ne parlent pas bien ou pas assez. On retrouve d'ailleurs cette prééminence du langage jusque dans les tests, où la capacité verbale est très souvent associée à la vivacité intellectuelle. Or, s'il est vrai qu'un enfant qui s'exprime bien a souvent un bon niveau d'intelligence et réussit bien scolairement, le contraire n'est pas systématiquement vrai. Se montrer peu loquace n'équivaut pas à être défaillant sur le plan intellectuel... On dit qu'Albert Einstein n'a parlé que vers l'âge de 5 ans !

Un enfant qui ne parle pas bien ou présente un défaut de prononciation important n'est pas fatalement en échec scolaire. Mais c'est perçu négativement. Ne pas parler est bien vite vu comme un équivalent de « ne pas savoir », ne rien dire comme « ne rien avoir à dire » et se taire comme « être un handicapé de l'échange » ! Pourtant, très encombrantes pour de nombreux enfants timides, ces difficultés de parole sont « juste » la traduction d'un malaise, d'une difficulté à être face aux autres. Souvenons-nous par exemple de ces récitations que nous débitions parfois à toute allure lorsque, enfants, nous étions interrogés au tableau par la maîtresse, comme si, en allant très vite, on pouvait magiquement finir avant d'avoir commencé ! Eh bien, ces enfants timides se sentent en permanence dans un contexte semblable, même s'il ne s'agit que de répondre à une simple question sur leurs loisirs durant les vacances.

Quand le corps parle

> Dans les situations qui lui paraissent impressionnantes, c'est un véritable tumulte qui se déroule à l'intérieur de Philomène, 11ans et demi. Elle sent son cœur s'accélérer, ses muscles se crisper, et elle commence à transpirer abondamment ! Un nœud se forme dans son estomac et elle a parfois l'impression que sa tête va éclater tant la pression est grande !

Sans aller jusqu'à entraîner de véritables maladies, la timidité peut créer des bouleversements corporels qui laissent perplexes. Par ailleurs, ces manifestations somatiques entravent parfois sérieusement le fonctionnement physique et psychique.

Quand il s'agit d'un enfant, les parents s'inquiètent, à juste titre. N'y aurait-il pas un problème neurologique ou endocrinien derrière tous ces symptômes inquiétants ? Certes, le corps est mis à mal lorsque de telles manifestations se produisent. Mais l'origine n'en est généralement pas physique et les conséquences restent essentiellement psychologiques.

Quoi qu'il en soit, ce genre de turbulence n'est pas

agréable à vivre. Surtout quand on est jeune et que l'on n'analyse pas toujours bien ce qui se passe. L'enfant, impressionné, va avoir tendance à limiter son champ d'action. Cependant, il ne peut pas éviter toutes les situations stressantes (ce qui serait tout aussi préjudiciable), en particulier les contrôles ou examens scolaires. Il vit alors une véritable mise à l'épreuve physique.

Notons que ces manifestations corporelles peuvent être visibles ou pas. Dans le cas où elles sont discrètes, l'enfant parvient encore à composer avec elles en dissimulant ses appréhensions. Mais parfois ces symptômes sont très visibles et donc d'autant plus gênants. Au-delà du désagrément corporel, il craint que les autres ne le remarquent et se moquent, ce qui renforce son inhibition.

Il suffit que l'on fasse remarquer à Pierre que ses mains tremblent pour qu'il se tétanise et devienne tout pâle. L'enseignante de ce garçon de 10 ans a perçu son malaise et vite compris qu'il fallait éviter de le lui dire à chaud et en présence des autres.

Dans ce cas, se produit ce que redoutent bien des timides : être mis sous un projecteur et que les autres lisent son trouble comme dans un livre ouvert ! L'enfant inhibé se sent ainsi très désagréablement mis à nu.

Il est très important que les parents prennent au sérieux ces manifestations corporelles de timidité et s'attachent à les atténuer.

Chez d'autres enfants, les troubles corporels accompagnent une mise en avant qui semble à l'opposé d'une timidité. Au lieu d'être dans l'évitement, ceux-ci veulent à tout prix participer, être le centre de l'attention, mais divers malaises viennent les en empêcher. Dans certains cas, les manifestations physiques sont telles qu'elles peuvent faire craindre une maladie somatique.

Sonia, 9 ans, nous est adressée pour des malaises physiques importants, maux de tête et de ventre, vomissements et fièvre, chaque fois qu'elle est sur le point de faire un spectacle ou de participer à une fête d'anniversaire... Par ailleurs, l'école signale qu'elle participe peu et manque de confiance en elle.

Il s'agit encore là d'un mécanisme d'inhibition : c'est une anxiété pathologique qui provoque la maladie. Chez Sonia, l'évitement des situations n'est pas volontairement mis en acte, mais il se développe à son insu, dans un registre inconscient. Les entretiens psychologiques ont mis au jour une ancienne timidité chez la mère qui, enfant, se trouvait « moche car grosse » et supportait mal qu'on la compare sans cesse à sa sœur, « plus jolie et plus fine »... Alors, sa fille Sonia n'éprouverait-elle pas une culpabilité à se mettre en avant ? Peut-être ne s'autorise-t-elle pas à être admirée ou à s'amuser dans des situations d'où sa mère était exclue...

Il n'est pas évident pour des parents de repérer ce genre d'inhibition : leur enfant paraît plutôt sociable et semble par exemple tellement désireux de participer à la fête... Mais la culpabilisation inconsciente est active et, d'une manière imprévue, une maladie survient et empêche la participation de l'enfant. Plus les manifestations corporelles sont vives et paraissent dénuées de lien avec ce qui les déclenche, plus l'inconscient est à l'œuvre. Bien souvent, le corps est un terrain privilégié d'expression pour ce qui se vit mais ne peut pas se dire.

Il ne s'agit pas cependant de s'inquiéter devant toute manifestation corporelle. Avoir le cœur qui bat plus vite quand on monte sur une estrade pour recevoir un prix est normal : c'est tout juste si on parlera de timidité. Même si les manifestations corporelles sont très gênantes, il n'y a pas non plus d'inhibition quand la situation est objectivement difficile : être angoissé avant une audition musicale importante est une question de trac, d'anxiété sociale. Cela se passe essentiellement au niveau conscient.

La relation entravée

Les enfants victimes d'inhibition peuvent aussi être freinés psychiquement dans leurs échanges. Il s'agit là d'une manifestation majeure de la timidité : les enfants qui s'affirment mal ont toujours une communication avec autrui compliquée par l'appréhension. Des manifestations physiques associées sont fréquentes mais pas systématiques.

> « On a toujours dit de Maxime qu'il était timide », soupire sa maman. Déjà à la crèche, l'équipe d'auxiliaires avait remarqué que le petit garçon, alors âgé de 20 mois, avait peur des autres enfants et restait en retrait. Ensuite, à l'école maternelle, son refus des situations conflictuelles le mettait vite en retrait : il ne se battait jamais pour obtenir un jeu ou pour avoir une meilleure place. Plus tard, dans les spectacles de l'école primaire, il s'arrangeait pour obtenir les rôles les plus discrets.
> Maintenant que Maxime a 11 ans et qu'il est en sixième, il s'agit de prendre la parole dans une classe de trente élèves plus délurés que lui. C'est loin d'être une chose facile. Très sensible, il est embarrassé lorsque l'on aborde le sujet et, vite, il se met à pleurer.

La difficulté à s'affirmer se manifeste différemment selon les âges. On remarque cependant qu'elle a souvent été présente dès les premières années de vie relationnelle.

L'enfant timide est vulnérable, car il est très conscient de ses peurs. De plus, il ressent aussi émotionnellement tout ce qui se joue autour de sa timidité dans son entourage. Fréquemment, il se sent coupable de ne pas avoir la bonne attitude, celle qui conviendrait aux professeurs et rassurerait ses parents.

Il est d'une hypersensibilité qui affleure bien souvent dans tous ses comportements. S'il se sent soumis au regard des autres, c'est aussi qu'il est branché en prise directe sur son entourage, sur ce que les autres vivent, ce qu'ils émettent comme signaux. Souvent très perceptif, il sera touché par un ton légèrement agressif qu'un autre n'aurait même pas relevé. Sensible aux ambiances, il perçoit les tensions et y réagit par du retrait. Par ailleurs, sa fragilité peut venir d'un imaginaire débordant, qu'il garde secret. Eh oui, l'enfant timide est capable d'imaginer tant de scénarios possibles qu'il est impressionné à l'avance et ne tente plus rien, replié dans son intérieur rassurant. Enfin, la plupart du temps, il ne croit pas beaucoup en lui. Sa confiance personnelle chancelle facilement. Une mauvaise expérience relationnelle passée prend chez lui valeur d'exemple pour tous les échanges à suivre. En revanche, un bon souvenir, une rencontre réussie seront classés au rang des exceptions et lui paraissent uniquement dus à la chance.

Les enfants comme Maxime, décrits comme déjà pleins d'appréhension à la crèche, y ont souvent vécu plusieurs moments « difficiles ». Un affreux jojo leur a arraché un jouet, ils ont été bousculés fortement au moment du goûter ou encore se sont fait mordre alors qu'ils tentaient un échange en confiance... Certes, tous les enfants en collectivité vivent cela, à des degrés divers, mais pour le petit timide, ces mauvais moments suffissent à décourager toute autre tentative relationnelle.

Cette vulnérabilité provoque bien souvent un effet cercle vicieux : parents, éducateurs, voire copains de classe auront tendance à protéger un enfant que l'on sent si fragile. Et que se dit alors celui-ci ? « Si l'on prend autant de précautions autour de moi, si l'on me facilite la vie et les échanges sociaux, c'est qu'il le faut » : il imagine donc que les risques sont réels et se replie encore davantage. Ou bien il voit dans cette attitude d'autrui une confirmation de son incapacité à gérer sa vie seul, et il se sent dévalorisé. Dans tous les cas, sa timidité s'en trouve renforcée. C'est d'ailleurs bien souvent par cet effet de renforcement que le problème se poursuit d'année en année.

□ La sensibilité aux moqueries, la susceptibilité

Les enfants timides sont-ils plus susceptibles que les autres ? C'est une hypothèse intéressante. Mais, inversement, tous les enfants susceptibles ne sont pas timides, loin s'en faut ! Nombreux sont ceux qui, facilement vexés, montent sur leurs grands chevaux et manifestent haut et fort leur mécontentement, quel que soit leur interlocuteur !

Quant aux timides, bien souvent ils se froissent aisément, tant ils sont sensibles à la manière dont les choses sont dites ou faites. Ils ont une propension à décoder très finement les attitudes et les paroles de l'autre. Cela peut même parfois friser l'interprétation abusive. Et s'ils perçoivent une critique, même là où objectivement il n'y en a pas, ils se ferment comme une huître. Un autre, plus affirmé, réclamerait justice ou protesterait, laissant la possibilité d'une réplique et d'une mise au point : le timide, lui, blessé silencieusement, demeure facilement dans le malentendu.

Lorsque les moqueries sont directes et appuyées, c'est un fait, les enfants timides sont atteints plus violemment que d'autres, et d'autant plus qu'ils sont généralement dans l'incapacité d'y répondre. Par ailleurs, par leur comportement peu assuré et leur apparence vulnérable, ils attirent la moquerie et paraissent des proies faciles qui ne se rebelleront pas. Du moins pas dans un premier temps...

Contre la violence verbale des autres enfants, il est compliqué d'intervenir. Même à l'école, elle est rarement prise sur le fait par les adultes encadrants et donc difficile à sanctionner.

À la maison, il vaut mieux ne pas se moquer d'un enfant qui a du mal à s'affirmer. Cela ne le fera pas sortir de sa coquille, bien au contraire. En plus de la souffrance que cela entraîne, il se sent d'autant plus discrédité que cela vient de ses parents.

□ La dépendance affective, l'influençabilité

Émilie qui servait de faire-valoir

Émilie n'a pas vraiment de difficultés à se faire des amies. Enfin, disons qu'elle n'est pas seule dans la cour de son école. Dans sa classe de CM2, elle est souvent avec les mêmes enfants et elle ne se retrouve jamais exclue quand il s'agit de faire un travail de groupe. Mais, si l'on y regarde de plus près, ses relations amicales sont assez peu enrichissantes. En effet, si Émilie est avec les autres, c'est surtout pour les servir. Comme elle est toujours d'accord avec celui qui lui fait l'honneur de bien vouloir être son camarade, c'est pratique pour avoir raison dans un groupe et réconfortant. Émilie est donc recherchée car valorisante...

L'enseignante d'Émilie l'a remarqué, c'est pourquoi elle essaie d'associer Émilie à des enfants moins intéressés. Elle a même pensé la mettre seule à une table en classe, afin qu'elle puisse mieux affirmer sa vraie nature. Et, depuis quelque temps, c'est en effet une autre Émilie qui fait surface, avec des opinions à elle. Récemment, elle s'est disputée avec Sandra, une de ses vieilles copines de classe, qui avait un fort ascendant sur elle. C'est bon signe !

L'enfant peu confiant en lui est dépendant de son entourage. Souvent, il compte sur les autres pour le « compléter ». Sa simple présence lui paraît insuffisante pour mobiliser l'attention et il est en attente des copains pour lui donner de l'épaisseur et de l'intérêt. La plupart du temps, il ne se sent pas la force de se prononcer lui-même sur divers sujets. Il redoute souvent la confrontation avec d'autres et préfère s'abriter derrière quelqu'un plutôt qu'affronter directement des situations. C'est l'attitude du petit enfant de 3 ans qui se cache derrière les jupes de sa mère face à un inconnu. À cet âge, c'est fréquent, voire adapté. Évidemment, quand ce comportement perdure, il devient plus problématique !

Plus que d'autres, l'enfant timide a besoin d'un point d'attache, et celui-ci sera familial pour certains (« Jamais sans ma mère ! ») ou amical (« Jamais sans mes copines ! »). C'est une attitude qu'on peut retrouver chez de nombreux enfants, mais elle n'est pas exclusive de toute autre relation : pour le timide, oui. Par ailleurs, un enfant qui ne se sépare pas ou mal, avec angoisse, croit souvent que ses capacités relationnelles sont défaillantes. C'est comme s'il ne comptait pas, comme s'il ne présentait pas d'intérêt pour les autres. Alors que, lorsqu'il est accompagné, au-delà du confort affectif ou de l'agrément d'une présence, il se sent exister parce qu'il est accolé à l'autre.

L'idée selon laquelle la timidité entraîne une difficulté à se faire des copains ou à se retrouver dans un petit groupe n'est donc pas toujours vraie. Certains enfants qui ont du mal à s'affirmer n'ont pas de blocage apparent pour s'intégrer. Mais leur présence se négocie parfois, sans que ce soit forcément dit, en échange d'un soutien indéfectible aux idées des autres. C'est ainsi que les bandes sont constituées d'éléments forts et de timides plus ou moins avoués, cachés derrière.

Ce type de relation est facile à repérer quand il se développe chez un enfant déjà grand vis-à-vis d'un adulte : c'est le cas du grand garçon qui ne veut pas aller jouer au ballon à quelques dizaines de mètres si sa mère n'est pas avec lui ! Mais, lorsqu'il suit aveuglément des camarades du même âge, ou des frères et sœurs, il peut passer inaperçu. Ainsi se met en place de manière parfois durable une dépendance à autrui par manque de confiance en soi, assez invalidante pour la personnalité.

Lorsqu'ils sont témoins directs de la mise en place de ces relations béquilles, parents ou professeurs peuvent intervenir, mais avec discernement, pour ne pas se laisser abuser par une relation amicale où l'un paraît dominer alors qu'en réalité il se laisse guider par l'autre, éminence grise influente mais cachée. Il faut aussi du tact. Une fois repérée, la relation qui étouffe le timide doit être diluée en douceur. Car la séparation peut le plonger dans un trop brusque renvoi à soi. Mais une nouvelle année scolaire ou simplement un changement de place en classe permettent facilement de mettre une distance entre deux enfants, quand l'un écrase vraiment trop l'autre.

Timide et influençable

Corollaire évident de la dépendance affective, l'influençabilité est fréquemment associée à la timidité. Être d'accord avec les autres et leur obéir sans difficulté peut donner aux enfants timides l'impression d'être entourés.

> Amina, 9 ans, s'est ainsi fait manipuler pendant plusieurs mois par une fille de sa classe qui lui demandait systématiquement son goûter en lui disant : « Sois sympa, moi, j'en ai pas... » En échange, elle voulait bien qu'Amina la suive dans la cour et l'acceptait dans son petit groupe d'amies.
> La mère d'Amina s'est rendu compte que quelque chose clochait : sa fille avait très faim quand elle rentrait à la maison, alors qu'elle demandait des goûters de plus en plus copieux et se montrait de plus en plus exigeante... En effet, la « copine » d'Amina allait jusqu'à lui réclamer un certain type de gâteaux !

Le trafic ainsi instauré d'un échange affectif contre des friandises n'est pas loin d'une forme de racket. De même, nombre d'enfants timides sont prêts à des marchandages ou des actes risqués pour avoir l'illusion d'être aimés. Ainsi, ils maintiennent l'apparence de relations amicales avec leurs oppresseurs. Certes, ils ne sont pas, à proprement parler, menacés s'ils refusent ce qu'on leur demande, mais ils risquent de perdre des ancrages amicaux vitaux pour leur survie sociale.

Bien sûr, certains timides sont des têtes de bois qu'il est très difficile de faire changer d'avis. Mais, la plupart du temps, leur besoin de réassurance et leur manque de confiance les poussent à suivre facilement le jugement d'autrui. Résister oblige à un épuisant combat interne pour oser se faire entendre contre tous ou simplement contre quelques-uns. Alors, bien souvent l'enfant timide laisse tomber, même s'il sait qu'il a raison. Par ailleurs, comme la peur est une composante très présente dans les personnalités inhibées, il est réconfortant d'être à côté d'un décideur qui assume les conséquences des actes posés. Quand on ne met pas en œuvre ses propres idées, on ne craint pas d'être mal jugé. Alors, renoncer à ses idées pour passer inaperçu est un « deal » très acceptable pour un enfant timoré.

Dur, dur de dire non

Non seulement l'enfant timide est influençable, mais il a généralement du mal à dire non. Coincé dans ses inhibitions, il a tendance à accepter tout ce qu'on lui demande. Il donne, suit, accompagne, assiste, prête... Tout cela, bien sûr, encore une fois, pour se sentir apprécié et avoir une idée de lui-même positive : « Si on m'aime, c'est que je vaux quelque chose. »

Dire non, c'est évidemment prendre le risque de déplaire, d'être rejeté, ce qui n'est certes pas très tentant quand on manque de confiance en soi ! Et pourtant, dire non permettrait à ces enfants d'être davantage respectés, et même éventuellement de se protéger d'intrusions trop violentes comme dans le cas de rackets et de chantage. Commencer à refuser, de manière adaptée, est souvent le signe que l'on domine un peu sa timidité.

Les comportements d'évitement

□ Se prononcer est impossible

Si de nombreux enfants ont du mal à dire non, dès qu'il leur faut se prononcer ou dire oui, c'est la panique ! Ici, la question est d'arriver à s'engager, à affronter une situation, même parfois a priori peu inquiétante.

Lydie, 12 ans, est une petite jeune fille très discrète, qui participe très peu à la vie de la classe. Elle a une ou deux copines, mais ne va jamais chez elles, et elle n'est que très rarement invitée à des fêtes d'anniversaire. Elle pourrait être plus sollicitée, mais elle passe son temps à s'excuser de ne pas pouvoir venir, elle a toujours, prétend-elle, quelque chose d'autre à faire. En réalité, elle reste chez elle, tétanisée à l'idée de se retrouver en territoire inconnu, ou plus encore au milieu d'un groupe dans une fête.
En classe, Lydie évite le regard du professeur quand il demande un volontaire pour une activité. Quand il y a un contrôle oral prévu, elle est souvent à l'infirmerie, victime de nausées... Si on la croise dans la rue, elle est toujours pressée, ne prend pas le temps de parler, d'échanger quelques mots avec une connaissance. Il lui arrive même de faire un détour ou de changer de trottoir si elle aperçoit un camarade du collège.

Éviter des situations lourdes est une attitude de protection certes adaptée : traîner un peu avant d'aller à un rendez-vous délicat avec le professeur principal ou avant une compétition, par exemple, c'est fréquent et banal. Le problème est que l'évitement devient bien souvent le sport préféré des enfants timides.

À un premier niveau, bien sûr, ce qu'ils évitent, ce sont les situations où ils pourraient se montrer... timides, justement ! Faire un exposé devant la classe, demander de l'argent pour une bonne cause en abordant des passants, tenir un stand à la fête de l'école, jouer le rôle principal dans une pièce de théâtre... Si le comportement évitant en reste là, la gêne est relative. Certes, l'enfant sera considéré comme peu participatif, pas très volontaire à l'oral et incapable d'initiatives. Le simple fait d'éviter systématiquement de prendre la parole en classe peut cependant être en lui-même lourd de conséquences : les notes baissent et les appréciations sont mauvaises ; par ailleurs, les professeurs ne « connaissent » pas un enfant qui ne parle pas et ont donc du mal à le cerner, à saisir les éventuelles difficultés qu'il rencontre, ses attentes.

Mais les comportements évitants peuvent gagner du terrain et s'étendre à des situations de plus en plus banales. Le problème est grave quand l'évitement devient une manière d'être, qu'il concerne peu à peu presque toute la vie de l'enfant. C'est alors un véritable handicap social, comme dans le cas de la jeune Lydie.

□ Une manière de ne pas être

Les attitudes d'évitement sont parfois très fondues et discrètes : l'enfant s'arrange pour n'être pas là où on l'attend, et ce, de manière naturelle, comme s'il pressentait que l'on allait diriger les projecteurs sur lui... Elles peuvent aussi se dissimuler sous le masque d'un caractère prétendument solitaire. Très peu d'enfants isolés le sont par choix personnel et librement assumé. Bien souvent, la peur des autres, la crainte d'être rejetés, la certitude de ne pas être appréciés leur font préférer la solitude à la relation.

L'enfant timide se montre souvent très occupé, toujours affairé à quelque chose. C'est en effet très fatigant d'être timide ! Tous ces enfants évitants sont, d'une certaine manière, créatifs : il en faut des prétextes, dans une journée, pour éviter la confontation... Car notre société expose aux autres, dès le plus jeune âge, tout le temps et selon des modes variables d'un moment à l'autre :

« Puisque tu ne fais rien, peux-tu aller chercher le pain ? » Angoisse... Parler à la boulangère, entrer dans un magasin plein d'inconnus !

« Hé, Thomas, tu viens faire un foot avec nous ? » Thomas était si tranquille dans son petit coin de cour de récré, assis par terre, même s'il s'ennuyait un peu...

Il vaut mieux montrer tout de suite qu'on n'est pas disponible. Cela évite toute proposition de rencontre, de responsabilité sociale.

□ La fuite extrême et les attitudes paradoxales

Les comportements d'évitement peuvent parfois surprendre par leur caractère subit ou excessif, même face à une relation que l'on qualifierait d'ordinaire. C'est ainsi que la timidité peut être à l'origine de départs précipités, sans explication. Des presque fugues surviennent, avant une rencontre vécue par avance comme intolérable. Ainsi en est-il de certains enfants qui préfèrent sécher l'école le jour où le maire fait une visite exceptionnelle dans la classe. D'autres, de manière également préoccupante, vont s'évaporer plusieurs heures le soir où le bilan scolaire, pas spécialement catastrophique, est arrivé à la maison.

Certaines fugues d'enfants n'ont pour objectif que d'éviter un face-à-face insoutenable. Cela étant, ces accès d'évitement exceptionnels sont à prendre en compte sérieusement.

Ils signalent que l'enfant peut vivre des inhibitions que l'on ne soupçonnait pas à première vue.

□ Les comportements paradoxaux

Comme sous l'effet de l'alcool pour les adultes, on peut parfois observer une brusque levée des inhibitions chez un enfant timide confronté à une situation a priori très anxiogène pour lui. Est-ce une amélioration sur la route vers l'affirmation de soi ? Hélas non, la plupart du temps.

Car les levées d'inhibition sont souvent maladroites et inadaptées. Elles génèrent après coup une honte et une limitation encore plus marquée. C'est ce qu'a vécu Henri, 9 ans :

> Ce jour-là, une sortie scolaire est prévue dans un zoo. Comme il manque un enseignant, la directrice de l'école accompagne la sortie. Henri, d'un naturel réservé, a toujours été impressionné par cette forte femme imposante qui se départ rarement de son air sévère. Mais, lors du pique-nique, alors qu'une maîtresse demande à l'enfant de faire passer un sac de gâteaux à la directrice, quel n'est pas l'étonnement de l'assistance de voir Henri lui jeter le sac sur les genoux en lui disant : « T'en veux ? Ils sont super bons ! » Puis, devant sa stupéfaction : « T'as raison, c'est pas très bon pour le régime, elle dit, ma mère... »
>
> Il va ensuite se rasseoir, laissant les adultes médusés, la directrice froissée et les copains hésitants. Peut-on rire ou vaut-il mieux baisser la tête ?

Après la sortie, Henri ne s'est pas du tout comporté en héros. Dix fois plus inhibé, il a même refusé de retourner à l'école, dans la hantise de croiser la directrice qui avait pourtant classé la remarque de cet élève au rang des incidents mineurs. Son attitude ne témoignait donc pas d'une amélioration de son affirmation de soi. En réalité, bien qu'ayant eu lieu en face à face, il s'agissait encore d'un comportement d'évitement déguisé. En effet, la relation ainsi mise en place par Henri n'a rien de naturel. Elle lui a permis de ne pas se confronter à un adulte qui l'impressionne. Eh oui, torpiller un échange peut être un moyen de s'y soustraire ! L'aborder en étant si peu soi-même permet de s'extraire d'une relation trop dure à assumer.

C'est ainsi que les comportements décalés en public sont souvent les marques d'évitement d'un échange vrai impossible à vivre avec sa timidité.

□ Les phobies sociales

Certains comportements de fuite sont mineurs et se fondent naturellement dans le paysage. À tort plutôt qu'à raison, ils sont la marque d'une timidité connue et souvent intégrée comme une caractéristique de l'enfant. D'autres sont plus extrémistes mais souvent ponctuels, limités à une occasion vécue comme très « exposante ».

Si ces conduites aiguës sont répétées, elles deviennent extrêmement gênantes. De fait, elles limitent une part importante des échanges et des activités d'un enfant. On parle alors de « phobie sociale », une peur panique devant les contacts sociaux, irrationnelle et impossible à contrôler. Parler à un autre, enfant ou adulte, devient une épreuve, même pour dire une chose sans importance. Regarder dans les yeux demande un effort intense. Participer à une action de groupe est pratiquement impossible. On s'en doute bien, la vie quotidienne de l'enfant est rendue très pénible et sa scolarité s'en trouve compromise.

Et c'est un cercle vicieux : plus le phobique social va mettre en place des stratégies d'évitement, plus il va être persuadé que ce qu'il cherche à éviter est inquiétant. Il s'efforcera donc de limiter au maximum les contacts avec autrui. Il va s'isoler de plus en plus et se déshabituer progressivement de la relation. De ce fait, le plus anodin des échanges l'exposera à une angoisse anormale. Et le souci d'évitement n'en deviendra que plus intense. C'est ainsi que l'enfant phobique social passe souvent son univers quotidien au crible. Il évalue les situations à venir, calcule ses trajets pour rencontrer le moins de personnes possible, élimine toute activité en dehors de l'école, limite généralement les échanges à son cercle familial.

La plupart des timides sont des enfants sensibles et émotifs, mais pour les enfants atteints de phobie sociale, les manifestations émotionnelles se traduisent souvent de manière impressionnante. Il n'est pas rare d'observer de véritables attaques de panique si la confrontation avec la situation angoissante est inévitable. Se succèdent alors sueurs, tremblements et battements de cœur qui s'amplifient... L'angoisse psychique devient impossible à maîtriser et, bien souvent, seule la fuite permet de juguler la crise.

□ Timidité et idées noires

Le sentiment de honte

Les enfants qui souffrent de timidité se sentent souvent honteux. Ce sentiment est parfois diffus mais néanmoins très pénétrant. Et il agit comme un véritable frein à leur possibilité de s'affirmer. Comment, en effet, se mettre sur le devant de la scène si on se sent honteux ?

La honte peut avoir de multiples sources. Elle est souvent liée à des pensées ou des actes jugés inacceptables. Auteur ou acteur de choses qu'il juge condamnables, l'enfant n'a qu'une idée en tête : se faire oublier, que l'on ne fasse surtout pas attention à lui. Bien sûr, s'il avait réellement commis un acte répréhensible, une attitude de retrait serait tout à fait adaptée. Mais chez un enfant timide, son évaluation de ce qui n'est « pas bien » est faussée. De nombreux actes de la vie de tous les jours peuvent sans raison provoquer un sentiment de honte.

Sonia, 12 ans, n'aime pas rentrer du collège en bus avec ses copines. Si l'une d'elles rit ou fait des gestes en parlant, elle se sent gênée. Pis, si elle bouscule involontairement un autre passager et qu'une fille de sa classe fait une plaisanterie à ce sujet, elle ne sait plus où se mettre. Elle a l'impression que tout le monde les regarde, elle et son petit groupe, en trouvant leur comportement déplacé. C'est souvent rouge de honte qu'elle se précipite hors du bus, délivrée par l'arrivée à son arrêt.
Pourtant, son groupe de copines un peu exubérant ne déplaît pas aux autres passagers de l'autobus, si l'on en croit leurs regards amusés et complices. Sonia n'en est pas moins affreusement mal à l'aise. La honte nourrit sa timidité, qui provoque encore plus de gêne et ainsi de suite. Cet enchaînement infernal provoque sa tendance à l'isolement et à l'évitement de nombre de situations sociales.

Parfois, le malaise ressenti par les enfants timides n'a même pas de localisation particulière. Pourtant, il est très envahissant, s'incarnant dans presque chacun de leurs actes. L'enfant est bien entendu en grande souffrance et s'excuse pratiquement d'exister : il pourrait passer son temps à dire pardon. D'ailleurs, ce sont fréquemment des mots de ce genre que l'on retrouve dans sa bouche.

Il s'agit là d'un fort sentiment de culpabilité, inconscient la plupart du temps. L'inhibition est souvent ancienne et s'est constituée depuis la petite enfance. Mais il arrive que l'on n'y ait pas fait attention, tant du côté des enseignants que parfois même des parents ! En effet, un enfant inhibé, facilement culpabilisé, ne crée pas de problèmes de discipline ou d'éducation. C'est pourtant ainsi que le manque d'affirmation de soi peut se renforcer, année après année, derrière le masque de l'enfant sage. Trop sage...

Découragement et fort sentiment de dévalorisation

L'enfant phobique social se sous-évalue fréquemment. Très souvent, il exprime des doutes sur ses compétences. En fait, il pense avoir peu d'intérêt, peu de choses à dire, il ne se sent pas à la hauteur, et dans ces conditions établir des relations amicales lui paraît impossible.

> Éric, 10 ans, a toujours été un enfant émotif, pleurant facilement quand il était en maternelle. Très isolé dans la cour de récréation, il est perdu depuis que son frère aîné d'un an a quitté l'école primaire. Avant, il ne le lâchait pas d'une semelle ; ça agaçait bien un peu le grand, mais celui-ci, devant les scènes de panique que cela provoquait, avait renoncé à essayer de le semer.
> Cette année, quand on lui propose de se joindre à un groupe de sa classe en l'absence de son frère, Éric répond, les larmes aux yeux, qu'il aimerait bien, mais qu'il ne présente aucun intérêt pour les autres. « Ils sont aussi bien sans moi », conclut-il. Si l'on insiste, il se raidit et regarde autour de lui, cherchant la première occasion pour s'éloigner en courant.

Lorsqu'un proche fait le moindre reproche à ce genre d'enfant, il rumine la remarque et l'amplifie. À tel point qu'adresser ensuite la parole à cette personne lui est très difficile. Il se sent un misérable moins-que-rien. Pas besoin d'ailleurs d'attendre que les autres lui fassent des remarques désobligeantes. En effet, pour ce « timide », l'autodévalorisation est de mise dans toutes les situations de la vie quotidienne de manière systématique. Il se traite lui-même d'imbécile dès qu'il oublie quelque chose ou se trompe.

Il a tout autant de mal à assumer ses succès. Termine-t-il premier à la course ? C'est que les meilleurs n'étaient pas en forme. A-t-il une bonne note ? Le devoir était très facile...

Rien de positif ne peut l'aider à se propulser en avant, puisqu'il le dévalorise immédiatement ou y voit un fait du hasard. Il n'attribue jamais sa réussite à ses capacités ou à son intelligence. Du coup, il demeure en retrait, coincé dans sa timidité, cherchant à se faire oublier.

Plus encore, il s'autopersuade que, tel qu'il est, il n'arrivera jamais à réaliser ce qu'il souhaite. Il se convainc lui-même que, tant qu'il ressentira de la timidité, il sera incapable de se faire des amis... alors que le premier pas pour vaincre sa réserve serait peut-être justement de se trouver des copains avec qui il se sentirait à l'aise ! Ces blocages s'incarnent dans des monologues intérieurs tout à fait destructeurs... L'enfant se répète comme un leitmotiv ce qui le freine, ce qui le limite : « Chaque fois que je parle, c'est pour dire un truc idiot », « Tant que je serai trop gros, personne ne me trouvera agréable », « Je n'ai aucune personnalité ». On conçoit combien ces messages internes peuvent inhiber les relations.

□ La peur du jugement

La peur d'être mal évalué et jugé se trouve quasiment tout le temps à l'origine des angoisses du timide. Certes, la crainte du jugement d'autrui fonde la hiérarchie des échanges. Sans cette peur, pas de culpabilité ni de conscience morale, donc pas de limites pour permettre une adaptation sociale. Un enfant qui n'aurait jamais peur de ce que l'on va penser de lui serait un psychopathe en puissance !

Mais chez le timide, le problème est inverse : l'angoisse du jugement, il l'éprouve en permanence et de manière souvent disproportionnée. Dans ces conditions, bien sûr, difficile de s'affirmer !

L'enfant timide est donc loin d'être un narcissique satisfait qui ne pense qu'à lui. Au contraire, il pense aux autres, mais pas comme il le faudrait : il se demande tout le temps quelle image on a de lui, et malheureusement il est persuadé que l'on ne pense rien de bon.

Être jugée, c'est le cauchemar de Lucille, 9 ans. Dans la cour de récréation, elle hésite à jouer à l'élastique : elle a peur que ses copines la trouvent maladroite, nulle. Quand son groupe rit trop fort près des surveillants de la cour, elle se demande ce qu'ils vont penser d'elles. Ne vont-ils pas croire qu'elles sont mal élevées ? Elle évite de côtoyer certaines filles de la classe qu'elle admire, mais qui doivent la trouver tellement mal habillée... Quant aux garçons, n'en parlons pas. Depuis que l'un d'eux lui a dit « Pousse-toi, la grosse », elle est persuadée qu'ils la considèrent tous comme une grosse fille laide, ce qu'elle n'est pas du tout.

Cette crainte du jugement des autres est tenace. Elle va se plaquer sur presque toutes les situations relationnelles de la vie de l'enfant. Dès qu'un regard se pose sur lui, proche ou inconnu, il sent venir le jugement, forcément négatif. Cette pensée qui peut tourner à l'obsession est une entrave évidente à l'action : un enfant qui vit dans la hantise d'une évaluation de lui négative n'ose plus rien faire.

Dans le cas de Lucille, la peur du jugement concerne tout son entourage, connu ou inconnu. Il arrive qu'elle soit plus limitée. Alors, l'enfant redoute le jugement de ses proches, mais pas celui des inconnus. Ou l'inverse.

Adam, 7 ans, veut bien participer au spectacle de théâtre de son club de vacances, mais seulement s'il connaît tout le monde dans le public. Il redoute, lui, que quelqu'un qui ne le connaît pas le juge mal, justement parce qu'il ne le connaît pas.

La crainte d'une mauvaise évaluation peut aussi ne concerner qu'un seul domaine. Par exemple, l'aspect physique : « Ils vont me trouver ridicule habillé comme cela », ou la conversation : « Je n'ai rien d'intéressant à dire. » Parfois, elle se limite à un groupe de personnes dont on craint la réaction : « Les filles se moquent tout le temps de moi. » Dans tous les cas, il y a là une source de souffrance qui peut paraître absurde, car elle provient d'une distorsion de la réalité qui est la plupart du temps sans aucun fondement. En effet, quand le timide essaie de deviner l'avis des autres en analysant les détails à l'excès, il risque assez facilement de faire des interprétations excessives. Beaucoup d'enfants timides ont une certaine propension à inventer des scénarios rocambolesques, qui vont les desservir. C'est ainsi qu'un sourire de bienvenue peut prendre le sens d'une grimace de désapprobation, un fou rire concerner un aspect ridicule de soi, le visage fermé d'un professeur fatigué condamner une mauvaise conduite.

Il est vrai que certains timides sont très intuitifs et capables de déceler l'impression qu'ils produisent chez leur interlocuteur. Cependant, s'ils perçoivent un élément négatif, celui-ci sera amplifié, de sorte que, pour un petit détail, ils se mettront totalement en cause.

Pendant que Tom fait son exposé devant la classe, la maîtresse hausse le sourcil en relevant une faute de français. Tom perçoit ce signe, mais l'interprète comme un désaveu de tout son propos. Aussitôt, il perd confiance, s'emmêle, n'arrive plus à poursuivre. Percevant son trouble, la maîtresse se rend compte qu'il faut lui expliquer pourquoi elle a réagi et que ça n'a aucun rapport avec le contenu de l'exposé. Une fois rassuré, Tom peut reprendre. En espérant qu'aucun élève n'aura envie de rire ! Car il interpréterait cela forcément comme une moquerie dirigée contre lui.

□ La peur d'être transparent

L'un des problèmes de l'enfant timide face aux autres est qu'il a l'impression que l'on peut voir clair en lui. Il se sent comme un livre ouvert face aux autres. Adèle raconte :

> « Enfant, vers 8-9 ans, il était hors de question pour moi de cacher quoi que ce soit à mes parents ou de mentir. Si je faisais une bêtise à l'école et qu'en rentrant ma mère avait l'air fâché, je me disais "elle sait". Je devenais toute pâle et commençais à me justifier. Devant mon attitude coupable, ma mère soupçonnait alors une faute encore plus grave et me questionnait sévèrement.
> « En grandissant, dès que je me sentais intimidée, j'étais persuadée que cela se voyait. Il fallait alors que je me justifie en donnant une raison à mon trouble, me mettant de fait en tort. »

Parce qu'on lui a souvent fait remarquer les manifestations de sa gêne, le timide a l'impression que tout ce qui se passe en lui se voit. Si jamais il se sent un peu coupable ou s'il est face à quelqu'un qu'il n'aime pas, cela va sûrement sauter aux yeux !

De fait, lorsqu'il se sent peu confiant, son trouble peut se traduire par des manifestations corporelles comme des tremblements des mains, une pâleur ou une rougeur excessive du visage : forcément, cela se voit ! Mais, heureusement, tout ce qui est ressenti et, à plus forte raison, juste pensé ne peut se lire sur un visage, fût-il inquiet ! Or l'enfant intimidé croit le contraire et se sent très vulnérable. Il est mal à l'aise et fuit le contact ou le regard. À tort, cette attitude peut passer pour sournoise, et lui qui craint tant le jugement d'autrui se trouve ainsi mal jugé !

Cette idée d'être transparent est angoissante pour un enfant qui n'a pas confiance en lui dans les échanges sociaux, car elle ajoute un obstacle à la relation. Persuadé que son comportement peut le trahir, il se trouve en terrain mouvant, et tout lui échappe, jusqu'à sa propre image. D'autant que cette lecture par l'autre n'est jamais perçue positivement : l'enfant timide ne se dira jamais que les autres vont pouvoir percevoir clairement sa sincérité et ses bonnes dispositions. Non, cette transparence est ressentie comme une persécution, une perte d'intimité qui renforce encore la difficulté à s'affirmer.

□ Une problématique d'intrusion

Plus que les adultes, les enfants se montrent plutôt spontanés sous le regard de l'autre. Ce n'est pas le cas des enfants timides. À cause de cette impression que tout ce qui émane d'eux se voit, la présence des autres les dérange. Comme, en plus, on peut se méprendre sur ce qu'ils ressentent vraiment, la situation est confuse. Sans maîtrise possible, le face-à-face est perçu comme une menace.

Le fait d'être simplement regardé, à plus forte raison avec attention, devient alors un problème. L'enfant ne se sent pas assez solide pour y faire face, c'est la panique. Dans les situations critiques, les sentiments décrits par ces enfants victimes d'inhibition sont impressionnants : ils disent avoir vécu une intrusion abusive de leur intimité, une sorte de viol psychique. Au quotidien, le sentiment est moins vif, mais le malaise reste présent.

> Axelle, 9 ans, ne regarde jamais quelqu'un en face. Son regard se dérobe, elle cache sa bouche avec ses mains quand elle parle, agaçant ses interlocuteurs qui le lui disent. Mais, si elle se découvre, elle craint qu'on veuille l'examiner, a peur d'être trop directement jaugée. Elle voudrait tant que le regard des autres glisse sur elle sans s'arrêter. Elle se vit comme celle qui n'a pas d'idées, ne sait jamais quoi dire ou à quoi jouer.

Certains enfants timides veulent se protéger du regard par amour-propre ou goût du secret, ils ne veulent pas que l'on connaisse leurs pensées, leur personnalité profonde. Mais chez Adèle, comme chez d'autres, cette attitude cache encore une mauvaise estime de soi. Leur fuite devant les tentatives de contact laisse perplexe et peut hélas à la longue faire abonder dans leur sens : lassés de tant de mystère ou de fuite, les autres enfants finissent par se dire qu'effectivement ce copain-là n'est pas intéressant. Et, trouvant là une justification à leur comportement d'évitement, les victimes de la timidité accentuent leurs manœuvres de mise à distance des autres.

Ce vécu d'intrusion peut bien sûr se renforcer en s'autoalimentant de mauvaises expériences relationnelles. Déjà que le timide prête souvent des intentions néfastes aux autres, alors, si ces derniers en ont vraiment ! Au bout d'un moment, l'enfant attribue à tous pensées et sentiments hostiles vis-à-vis de lui.

Les phobies scolaires

□ La sociabilité à l'école

Il est assez rare d'observer de la timidité à l'intérieur de la famille très proche. Elle n'est même parfois pas du tout repérable si l'on s'en tient à l'observation de l'enfant dans ce tout petit cercle relationnel familier. En revanche, la question de l'affirmation de soi et de ses difficultés s'exprime largement à l'extérieur de la sphère familiale, dans la vie sociale de l'enfant. Celle-ci est essentiellement superposable à la vie scolaire. La journée y fait alterner temps de classe et moments de vie partagés avec les autres enfants, comme la cantine, la récréation ou le centre de loisirs et la garderie du soir.

Compte tenu de la grande place occupée par l'école dans la vie d'un enfant, c'est là que l'on observera le plus d'inhibitions chez les enfants timides. Bien des problèmes d'adaptation compliquant sérieusement leur existence vont se poser à eux. L'école est un carrefour de situations affectives et sociales, intellectuelles et physiques : autant d'occasions de se trouver confronté à des étapes critiques.

Réellement, l'école demande beaucoup à tous les enfants. Qu'il s'agisse des apprentissages, de la discipline, des relations avec les adultes et entre enfants... Il existe une certaine normalisation de ce que, à 8 ans, l'on est censé savoir, faire et dire, qui ne tient pas toujours compte du niveau de maturité ou des fluctuations affectives individuelles.

Au sein de ce grand panier où se mélangent tant de pleins et de creux, un enfant devient un élève et doit s'affirmer en tant que personne tout en se coulant dans le moule. Gare aux différences ! Autant dire que la tâche n'est pas aisée lorsque l'affirmation de soi est d'emblée une question difficile !

La peur de l'école existe à différents niveaux, mais, en cas de phobie scolaire, le problème devient aigu. Cette appellation regroupe un ensemble de troubles qui traduisent une forte angoisse vis-à-vis de cette institution et qui vont bien au-delà d'une difficulté à s'adapter.

□ Les « simples » refus

« Je ne veux pas aller à l'école ! » hurle Johan, 4 ans, traîné par sa mère jusqu'au portail de la maternelle. Il est rouge, en larmes, et se débat vigoureusement. Devant la porte de sa classe, il s'accroche à sa mère et refuse encore une fois d'entrer dans ce lieu qui ne l'inspire décidément pas ! Cela dure depuis deux mois. La maman de Johan n'en peut plus... et Johan paraît très malheureux.

Le refus d'aller à l'école est fréquent chez les petits enfants, et, même s'il donne lieu à des comportements extrêmes, on ne peut pas à proprement parler le qualifier de phobie scolaire. Il s'agit davantage d'une angoisse de séparation : ce n'est pas tant l'école qui fait peur, que ce qu'elle représente, le lieu où l'on quitte temporairement sa famille.

□ La véritable phobie scolaire

C'est plutôt à partir de 7 ans que se manifeste la phobie scolaire, qui peut ensuite apparaître à tous les âges, avec toutefois une plus grande fréquence entre 8 et 10 ans. Elle s'exprime par un empêchement à se rendre à l'école et à y rester, ou par un refus. Selon les enfants, son début peut être insidieux ou brutal, ses manifestations ouvertes ou masquées par des troubles corporels.

On s'en doute, ces blocages peuvent rapidement devenir des problèmes quotidiens, avec en plus des répercussions concrètes sur le niveau scolaire.

En plein mois de février, Ian, 9 ans, a déclaré qu'il ne voulait plus aller en classe. La maîtresse le reprenait sans arrêt, même si ce n'était pas lui qui parlait : c'est sûr, elle lui en voulait... De plus, les autres enfants se moquaient de lui en récréation...
Les parents de Ian ont rencontré l'enseignante, qui n'avait rien remarqué de particulier entre Ian et ses camarades de classe et qui leur a assuré qu'il y avait peu de conflits entre elle et son élève en classe, à part quand celui-ci s'agitait un peu trop.
Les parents de Ian n'ont bien sûr pas cédé à la demande de leur fils et ont continué à le conduire à l'école malgré ses crises et ses bouderies. Au bout de quelques jours, Ian se plaint de maux de tête, de ventre, et doit rester à la maison. Lorsque ses parents le remettent à l'école, il se précipite à l'infirmerie et on leur téléphone pour qu'ils viennent chercher leur fils qui vomit. D'après le médecin, Ian n'a pas de maladie occasionnant ces vomissements : il s'agirait de manifestations « nerveuses ». Celles-ci sont cependant préoccupantes et elles empêchent en tout cas la poursuite de la scolarité de manière paisible.

Comme on le voit, la peur de se confronter à la situation scolaire peut aller loin, jusqu'à des symptômes psychosomatiques. On constate aussi chez Ian que la peur et le malaise ont d'abord entraîné une certaine agitation en classe. De fait, celle-ci permet paradoxalement à l'enfant de lutter contre son inhibition, mais accentue son manque d'intégration.

□ Différentes phobies

Le rejet scolaire massif et soudain survient souvent chez des enfants qui atteignent leur seuil de tolérance soit à l'échec, soit à la difficulté de relation avec autrui. Ainsi un enfant peu confiant en lui peut résister pendant un certain temps à des échecs dans ses apprentissages. Mais il va s'écrouler d'un seul coup, ne supportant plus du tout ses insuffisances, même relatives. Le scénario est le même quand la relation avec les autres lui demande trop d'efforts de prestance et d'affirmation de soi : vient un moment où il n'y arrive plus.

L'installation de ces phobies peut être déroutante.

> Victoria n'a jamais été à l'aise depuis son entrée à l'école primaire. D'allure réservée, elle est particulièrement sensible aux cris. Or cette année, en CE2, sa maîtresse se met fréquemment en colère. Certes, pas contre Victoria, qui a d'assez bons résultats scolaires et se tient tranquille, mais contre des élèves très indisciplinés. Pourtant, Victoria supporte très mal que sa maîtresse se fâche, et se sent coupable de son énervement.
> Depuis longtemps, la petite fille a du mal à se lever et à se préparer pour l'école. Elle réclame de rester à la maison. Mais ces demandes sont de plus en plus fréquentes et, surtout, ses résultats ont commencé à chuter. Elle s'est arrangée pour ne plus aller à l'école les jours de contrôle, avec l'accord implicite de sa mère qui lui fait des mots d'excuse. C'est la directrice de l'école qui s'est inquiétée de ses absences et de ses résultats en baisse. Grâce à son intervention, le malaise de Victoria a pu enfin être considéré sous l'angle de la phobie scolaire.

À l'école, un enfant inhibé se trouve confronté à tout ce qu'il déteste : prendre la parole, aller au tableau, se mesurer aux autres, se faire une place, se faire respecter... Il lui faut aussi accepter de dévoiler ses difficultés intellectuelles ou physiques et dépasser les éventuelles remarques ou moqueries. Bref, il lui faut s'affirmer, ce qui lui est particulièrement difficile. Dans ce contexte incertain, le moindre élément déstabilisant, même apparemment anodin, va provoquer une impossibilité psychologique à affronter la vie scolaire.

Certains enfants iront très loin pour « éviter » la situation redoutée : ce sera des plaintes somatiques, comme pour Ian et Victoria, d'autres pourront même faire de véritables fugues sur le chemin de l'école. C'est là l'ultime moyen qu'ils auront trouvé pour se soustraire à l'objet de leur phobie.

Parents, soyez donc vigilants en cas d'école buissonnière ! Ce n'est pas forcément la marque d'un comportement prédélinquant ou oppositionnel, il peut aussi s'agir d'une manifestation d'inhibition chez un enfant qui ne peut s'insérer dans la vie scolaire.

□ Le phobique est-il un mauvais élève ?

Il n'y a pas de rapport direct entre les phobies scolaires et les résultats de l'enfant, même s'il est a priori plus facile d'imaginer qu'un enfant cherche à éviter de se confronter à son échec parce qu'il a de faibles résultats. Et, de fait, de mauvaises performances peuvent entraîner le découragement.

Toutefois, le véritable évitement scolaire est la marque d'une angoisse particulière qui se greffe sur l'école mais ne dépend pas spécialement du carnet de notes. Dans certaines situations, être excellent en classe peut devenir tout aussi angoissant, dans un souci perfectionniste de toujours rester le premier.

□ Le problème, ce sont les autres

La phobie scolaire peut être uniquement relationnelle, sans lien avec le rendement scolaire. Dans ce cas, l'enfant cherche essentiellement à éviter une confrontation trop rude avec les autres à l'école.

Lorsqu'une telle phobie apparaît brutalement, elle a souvent été induite par un événement précis dont l'enfant n'a pas toujours pu parler chez lui : menace, racket ou toute situation de maltraitance liée à des incidents précis qui peuvent prendre une véritable valeur de traumatisme. L'enfant est alors dans un refus important dont les manifestations vont des malaises physiques aux protestations d'allure caractérielle. Dans d'autres cas, il s'agit d'un problème relationnel qui apparaît de manière insidieuse chez un enfant plutôt inhibé, manquant de confiance en lui. Cet enfant, souvent complexé, peut se trouver dans une place de souffre-douleur discrète, mais néanmoins douloureuse et pas toujours repérée par les adultes.

□ Quand tout va mal

Parfois, c'est tout l'ensemble qui bloque l'enfant. Par exemple, il n'a pas de bons rapports avec ses camarades de classe, il est un peu mis à l'écart. Mal à l'aise dans la classe, il remue et se tient mal. La maîtresse le réprimande : il se sent rejeté. Il suit mal, ses notes sont mauvaises : il est persuadé d'être archi-nul. Associé à une estime de soi généralement faible au départ, le terrain est prêt pour le développement d'une véritable phobie scolaire.

□ Même si tout va bien

Le plus surprenant reste probablement la survenue d'une impossibilité à affronter la situation scolaire chez un bon élève qui ne rencontre pas de problème de relation et pour qui tout semble aller très bien. Pourtant, ces cas sont plus nombreux qu'on ne le croit.

> Marie-Élise, 11 ans, est entrée en 6e il y a trois mois. Très brillante à l'école, elle passe de nombreuses heures sur ses devoirs et met un point d'honneur à être en tête de classe. Sans être vraiment une extravertie, et même si elle a tendance à s'isoler assez souvent pour réviser pendant la récréation, elle a des camarades de classe. Pourtant, un jour, rien ne va plus : dès le matin, Marie-Élise ressent des maux de tête et des nausées inexpliqués qui l'empêchent d'aller à l'école. Après une semaine d'absence, elle refuse de retourner en classe. Elle semble ne plus supporter la pression qu'elle s'impose à elle-même et qui est sans doute relayée à la maison : papa et maman sont tous deux issus d'une grande école d'ingénieurs et le grand frère est en classe de mathématiques spéciales. La réussite est donc – et se doit de rester – une spécialité familiale. Il a suffi, semble-t-il, de quelques notes moyennes pour entamer son assurance. Sa confiance en elle s'est écroulée. Retourner à l'école serait prendre le risque de ne plus être aussi performante qu'avant : alors, plutôt l'évitement que la confrontation à une réalité qui ne serait pas conforme à l'idéal.
> Il faudra un passage par des cours par correspondance et un soutien psychothérapique pour que Marie-Élise reconstruise son estime de soi sur des bases plus tangibles que de simples résultats scolaires.

Chez le très bon élève, une fragilité narcissique peut parfois l'amener à reporter l'essentiel de son identité sur de brillants résultats scolaires. Paradoxalement démunis, ces enfants n'ont en réalité pas d'autre possibilité pour s'affirmer dans l'existence et se sentir aimés. Une faille dans ce système, un fléchissement du rendement, et la situation n'est pas tenable.

▫ La peur de réussir

L'« angoisse de performance » est un phénomène que l'on observe souvent de manière caricaturale dans le milieu sportif. C'est la fameuse « peur de gagner ». Parfois spectaculaire, elle va survenir chez un sportif au moment même où il a toutes les cartes en main pour affirmer sa victoire. Est-ce le poids des regards, l'importance des enjeux ? Comme les enfants atteints de phobie scolaire, on a vu des sportifs de très haut niveau faire de véritables fugues avant une compétition olympique. Comme mus par une panique irraisonnée, ils ont fui le stade, en se sabordant par là-même.

De manière plus discrète mais tout aussi opérante, l'anxiété de performance affecte de nombreux timides. Ce comportement très répandu chez eux va généralement s'accentuer au fur et à mesure que les années passent et que l'exigence scolaire augmente.

S'il y a parfois une réalité de l'attente des autres, en particulier de l'enseignant ou des parents, ce que l'enfant pense qu'on attend de lui reste déterminant. Il peut en avoir une idée très démesurée, qui le décourage et l'empêche de poser des actes constructifs.

Antoine connaît les bonnes réponses, mais rien à faire, il ne peut pas lever le doigt en classe pour répondre. Soit de nombreux élèves veulent être interrogés, se manifestent avec insistance, et Antoine ne veut pas se joindre à eux ; soit personne ne veut donner la réponse, et alors Antoine se prend à douter... Et s'il se trompait ? Si c'était si facile, il y en aurait d'autres pour répondre ! Mieux vaut donc se taire. Surtout que, s'il dit une bêtise, la bande du dernier rang va ricaner, et cela, Antoine ne le supporte pas.

Il est bien délicat d'évaluer les capacités réelles d'Antoine : même s'il sait, il ne dit rien. Et à l'oral, il se retrouve mal noté puisqu'il ne prend pas la parole.

Il est difficile d'être indépendant par rapport aux autres lorsque l'on n'a déjà pas une bonne idée de soi-même. Répondre au professeur en classe est un exercice bien ardu pour un enfant qui a du mal à s'affirmer. En effet, il lui faut vaincre sa peur de la confrontation avec un adulte, puis gérer le regard du groupe, et enfin, accepter d'être bon, ce qui n'est pas toujours évident !

Et être bon ne signifie pas toujours avoir confiance en soi. Au moment où le timide doit rédiger un texte ou être interrogé, tout se fige, tout s'emmêle, son esprit est comme englué dans une impossibilité à fonctionner. Encore plus quand l'enjeu est élevé. Et la réponse peut paradoxalement être plus dure à donner si l'on est à l'aise dans le domaine concerné. Plus l'enfant a de chances de son côté, moins il est en mesure de réussir. Ce ne sont pas les obstacles qui vont le gêner, mais l'absence de difficulté, comme si, d'un seul coup, de sa réponse dépendait sa valeur. Il ne fait qu'un avec son savoir. D'où son angoisse.

Des élèves aux résultats très irréguliers sont parfois victimes de cette inhibition. Même s'ils sont pratiquement certains d'être dans le vrai, ils n'osent pas répondre. À l'écrit, le temps leur manque pour finir un contrôle, non pas à cause de la difficulté du sujet, mais parce que l'anxiété les bloque. De plus, ces enfants ont du mal à s'évaluer et manquent de repères. L'élève qui ne sait jamais vraiment s'il a réussi ou raté, s'il sait ou pas, et qui est constamment envahi par l'incertitude, a bien du mal à se situer. En fait, est-il bon ou mauvais, peut-il se faire confiance ?

Notre société, qui s'appuie largement sur cette notion de performance et lie souvent la valeur des gens à ce qu'ils sont capables de produire, ne soutient guère ces enfants. La plupart du temps, l'école ne désapprouve pas vraiment ce modèle d'évaluation bien pratique. Avoir une bonne note équivaut alors dans l'esprit des enfants à « être bon ». Se tromper, surtout si c'est facile, se réduit vite à « être mauvais ». Dans ces conditions, on comprend bien que des mécanismes d'inhibition viennent régulièrement bloquer ceux qui sont intimidés par la pression scolaire.

Comment s'étonner que ces enfant interrogés au tableau restent muets ? Ils sont le point de mire de la classe, et se montrer, ils détestent ça, qu'ils soient bons, moyens ou mauvais. De plus, devant ce public curieux et volontiers critique, ils vont devoir prouver qu'ils sont à la hauteur !

Meilleurs ils sont, plus dure peut être la prestation à fournir. Car le bon élève sait que l'attente le concernant est considérable ! Risquer une erreur, s'entendre dire : « Tu me déçois aujourd'hui », voilà de quoi « fusiller » une personnalité fragile du point de vue de la confiance en soi.

Quel dommage que l'on ne puisse imaginer une pondération de la note tenant compte du facteur inhibition pour certains enfants ! On accorde bien un temps supplémentaire aux dyslexiques pour les examens...

□ Les difficultés de langage à l'écrit

On pense spontanément qu'un élève timide aura beaucoup plus de mal à l'oral qu'à l'écrit et que les travaux sur feuille seront pour lui l'occasion de se rattraper. Or, s'il est pratiquement toujours compliqué de prendre la parole pour un enfant ayant du mal à s'affirmer, des difficultés peuvent aussi apparaître dans l'usage du langage écrit. En effet, écrire, c'est laisser une trace. Et pour certains enfants par trop bloqués, c'est déjà une mission impossible ou interdite. Car, en regard de la norme idéale, généralement élevée, qu'ils se sont fixée, ils ne s'autorisent aucun essai-erreur.

Les prémices de ce problème peuvent apparaître dès la maternelle. Un enfant manquant de confiance en lui est plus critique vis-à-vis de ses productions et trouve ses dessins « ratés ». Souvent, il préfère ne rien faire que risquer un trait qui, de toute façon, va le décevoir.

Stanislas, 5 ans, est amené en consultation par sa mère sur la demande de la maîtresse. Il refuse tout ce qui est écrit ou dessiné et ne réalise les travaux demandés que s'il ne s'agit que d'utiliser un matériel, comme des gommettes ou du papier découpé. Dès qu'il fait quelque chose, il se juge sévèrement : « C'est nul ! » ou : « Je sais pas le faire bien. » Il s'efforce d'écrire le plus mal possible, comme pour décourager la maîtresse de lui en demander davantage. Aucun dessin, aucune trace de Stanislas, ni dans son cahier, ni au mur de l'école. Pourtant, ce petit garçon est tout à fait intelligent (il s'avérera même plus tard qu'il est précoce intellectuellement !), mais il manque cruellement de confiance en lui.
Au bout de quelques séances de psychothérapie, il consentira à réaliser des débuts de coloriage, sans représentation. Puis il ébauchera des dessins très abstraits avec de tout petits ronds de couleur reliés entre eux « pour avoir plus de pouvoir », dira-t-il. Il faudra du temps pour qu'il arrive à dessiner un visage et se mette à écrire son nom de manière claire. Mais, peu à peu, il va s'affirmer et devenir capable de laisser sa marque sur le papier.

Dessiner peut paraître une activité simple et sans enjeu. Mais ces productions, issues de contenus imaginaires, sont en grande part le reflet du ressenti intérieur de l'enfant. Les représentations de personnages trahissent souvent les idées et sentiments du petit dessinateur. Ainsi le dessin de parents gigantesques portant un gros bébé coloré à côté d'un petit bonhomme squelettique griffonné dans un coin de la feuille en dit long sur l'estime de soi de cet enfant et sur la place qu'il pense être la sienne dans sa famille à côté du dernier-né...

Comme pour Stanislas, dessiner peut être une épreuve pour des enfants victimes de leur inhibition. En effet, il leur est très difficile d'exprimer quelque chose d'eux qui leur plaise. Alors, ils critiquent leurs dessins, usent tant et plus de la gomme, parfois même chiffonnent et jettent la feuille.

Écrire entre dans la même dynamique, même si l'écriture correspond à une norme, ce qui gomme l'aspect personnel présent dans le dessin. Mais, dans la phase d'apprentissage, il s'agit tout de même de copier correctement. Dans ce long apprentissage, il convient d'imiter le maître et donc de se mesurer à un modèle idéal. L'acte est malaisé quand on manque d'estime de soi ! Les ratages sont autant d'occasions de se « prouver » à soi-même que l'on n'est pas à la hauteur. Les essais successifs ne constituent alors pas un entraînement, mais accentuent l'idée de nullité et d'incapacité. D'autant que les commentaires sont parfois décourageants... Comment avoir envie de persévérer quand on vous dit clairement que vous en êtes incapable (« illisible ») ou que vous le faites mal (« sale », « pas soigné ») ?

Enseignants et parents se trouvent parfois confrontés à des situations de blocage très douloureuses à travers un enfant qui écrit « de travers ». Et il ne s'agit pas de paresse graphique !

Plus tard, l'expression écrite reste liée à la confiance en soi d'un enfant. Certes, en grandissant, il maîtrise mieux la forme et il est capable d'écrire convenablement. Mais, et c'est nouveau, on lui demande de poser ses idées sur une feuille. Ainsi, il doit inscrire concrètement une part de sa pensée ou rendre compte d'un apprentissage. Et là aussi, l'image de soi intervient.

En expression écrite, la pauvreté des idées n'est pas toujours liée à un manque de connaissances. Voici par exemple des explications avancées par des élèves de 6e sur leur faible production en rédaction, alors que ce sont par ailleurs des élèves de niveau correct :

« Je n'ai pas envie que le prof sache ce que je pense. »
« Ce que je pense, je n'en suis pas sûr, le prof va se moquer. »
« Je n'aime pas mon prof, je n'ai pas envie qu'il me connaisse à travers mon avis sur le sujet. »
« Ce que je suis ne le regarde pas, je veux rester secret. »

Écrire, c'est se dévoiler, même dans le cadre un peu restrictif d'un devoir de français. Écrire, c'est avancer quelque chose de soi. Or de nombreux enfants refusent cette idée de se montrer, se pensant peu dignes d'intérêt. Ils n'estiment pas leurs idées intéressantes, donc ils les gardent : ils ont peur d'être mal jugés, ridiculisés, et préfèrent se cantonner à des platitudes.

À l'extrême, le syndrome de la copie blanche, refus total de se montrer, sous des allures d'opposition, cache souvent un certain manque de confiance en ses possibilités, un doute quant à la justesse de ses idées plutôt qu'une rébellion.

Écrire n'est pas un acte neutre et simplement mécanique. Il mobilise la personne tout entière et met en jeu les désirs et appréhensions qui caractérisent tout un chacun.

Le trac

Le sujet est vaste, bien sûr, et concerne une large partie de la population, adultes comme enfants d'ailleurs.

Le trac, nous l'avons tous connu à un moment ou un autre, ce qui démontre que des manifestations aiguës et ponctuelles de timidité peuvent atteindre tout le monde. Cette micro-timidité peut nous éclairer sur le ressenti des enfants inhibés, qui vivent presque en permanence ce trac sous le regard des autres. Par ailleurs, parce qu'il est très étroitement lié à l'anxiété de performance et à la peur du jugement, le trac s'inscrit bien dans la problématique de l'affirmation de soi.

On pourrait qualifier le trac de « petite maladie psychosomatique ». En effet, par ses manifestations physiques et par les troubles psychiques ponctuels qu'il occasionne, ce pic émotionnel n'est pas une manifestation banale ! Battements de cœur, décharge d'adrénaline, sueurs et tremblements, gestes inappropriés, bafouillages, diverses crispations s'accompagnant d'une pénible sensation de vide de l'esprit, ou d'une extrême confusion des idées. L'impression de nullité et d'incapacité est à son maximum. Avoir le trac n'est évidemment pas une situation agréable, même si certains y voient un mode de stimulation, via un stress qui deviendrait moteur.

Les situations qui exposent au trac sont bien entendu multiples et dépendent de l'histoire et de la sensibilité de chaque enfant. De façon générale, on distinguera le trac lié aux autres et le trac qui dépend directement d'une situation.

□ Le trac face à l'autre

Comme dans tout ce qui est lié à l'affirmation de soi, à la base du trac se trouve le regard d'autrui. En effet, on ne s'affirme pas dans l'absolu, mais bien face à quelqu'un. Lorsque le trac se déclenche, c'est que l'autre est vécu comme menaçant, ou que l'enfant se sent en faute vis-à-vis de lui, souvent de manière imaginaire. Le rapport à un adulte inconnu ayant autorité le bloquera facilement. Ainsi, un enfant préférera parfois se perdre que demander son chemin à un agent de police !

Mais le trac n'est pas réservé aux relations de l'enfant à l'adulte. L'échange entre enfants peut aussi générer du trac. Un petit peut en effet se sentir plus en sécurité avec un adulte, dans une relation plus cadrée et donc moins exposée à l'imprévu.

L'autre qui fait peur, c'est souvent *les* autres. L'effet inhibant du groupe est évident dans bien des vécus scolaires. Face à celui qui se distingue, même malgré lui, les autres se soudent dans une unité souvent écrasante.

> Lorsque c'est son tour de faire le saut en longueur, Laurie, 9 ans, est tétanisée. Ceux qui sont déjà passés se sont groupés : ils commencent à chuchoter entre eux et à ricaner, guettant d'un air moqueur la prestation de la petite fille. Elle sent ses jambes flageoler, et elle sait qu'elle va rater...

□ Le trac des situations

Parfois, c'est le contexte dans lequel se déroule l'action qui fait peur et donne le trac. Ainsi, parler à un adulte, ça va, mais quand il faut lui demander la permission d'aller travailler à la bibliothèque, cela se complique... Croiser le prof principal, pas de problème, mais si on a été absent plusieurs fois de suite, cela devient très angoissant... Parler en classe, oui, mais revendiquer quelque chose en tant que délégué, ce serait impossible !

Ce trac des situations est peut-être un peu plus facilement contrôlable, car plus identifiable. Il n'en reste pas moins qu'il peut être très invalidant lorsqu'il concerne la prise de parole ou les examens scolaires !

□ Le trac quasi permanent

Le trac prend souvent une grande place dans la vie des timides. Les autres enfants peuvent l'éprouver et le vivre comme désagréable, mais cela reste passager. Pour les enfants qui manquent d'assurance, il a tendance à envahir de nombreux moments de leur vie. On n'est pas très loin d'une phobie sociale. En effet, quand le trac touche tous les domaines de la relation, l'anxiété vis-à-vis des autres n'est plus seulement ponctuelle : les phénomènes d'évitement ont tendance à se généraliser.

Même sans aller jusque-là, un trac fréquent peut modifier sensiblement le déroulement de la vie d'un enfant.

Le trac, Virginie, 10 ans, le connaît bien. Cette peur qui serre le ventre, cette angoisse qui fait accélérer le cœur... Elle a remarqué qu'elle le ressent surtout lorsqu'elle répond en cours d'histoire ou qu'elle doit faire un enchaînement à la gym, ou encore lorsqu'elle doit demander une autorisation à la conseillère d'éducation du collège. Tout cela la bloque particulièrement.
Virgine supporte tellement mal ce trac qu'elle cherche de plus en plus à éviter les situations qui le déclenchent, et que cette réaction a tendance à contaminer d'autres secteurs d'activité, pourtant moins anxiogènes. Par exemple, Virgine ne prend plus du tout la parole en classe. Elle évite tout contact avec les adultes de son collège. Et, bien sûr, elle est souvent absente aux cours de sport, même s'il n'y a pas d'exercice de gym.

Le trac, chez des enfants comme Virginie, génère aussi des phénomènes d'évitement. Outre que ceux-ci provoquent une gêne sociale, ils renforcent l'enfant dans l'idée qu'un comportement d'inhibition est protecteur. De ce fait, il va avoir tendance à se limiter à des situations connues ou particulièrement maîtrisées en restreignant ses activités. Par ailleurs, lorsqu'il devra faire face à une situation vraiment inquiétante, il risque fort de se trouver confronté à un trac majoré qui lui fera perdre pied à coup sûr.

□ L'appréhension face aux contrôles et aux examens

Variante du trac relationnel, l'appréhension face aux contrôles et aux examens est une peur liée à un contexte.

Beaucoup d'enfants, sans être particulièrement inhibés, rencontrent ce problème ; alors que dire de ceux qui ont du mal à s'affirmer !
On s'en doute, c'est surtout dans les épreuves orales que se jouent les blocages. En effet, se retrouver face à un examinateur inconnu est très compliqué. L'enfant est confronté en une seule et même séquence à tous les facteurs d'inhibition auxquels il est généralement sensible : peur du jugement, difficulté à assumer le regard de l'autre, inquiétude pour prendre la parole, manque de confiance en soi et concernant ses connaissances... Tout semble réuni pour le faire rater !

Une personnalité contrariée

Les difficultés d'affirmation de soi qui sont à l'origine de la timidité ont pu intervenir, au cours du développement psychique de l'enfant, lors d'échanges relationnels compliqués. Un vécu persistant de situations d'inhibition l'a structuré de façon particulière. C'est ainsi que l'on retrouve certaines constantes dans la personnalité des enfants timides.

□ Le caractère suiveur et le « manque de personnalité »

Ces deux aspects sont très étroitement liés, l'un paraissant être la conséquence de l'autre.

On l'a vu, le jugement d'autrui est toujours une épreuve pour l'enfant timide. Alors, être d'accord avec tout le monde comporte bien des avantages à ses yeux : l'autre est content et a généralement une bonne opinion de lui. Le timide a donc un sens de la concession très marqué. Pas conflictuel pour un sou, il est l'adepte du consensus et a tendance à adopter le point de vue du copain.

Nathan, 8 ans, n'a apparemment pas de problèmes relationnels. Dans la cour de récréation, il est toujours avec un groupe de petits garçons. Mais, quand on y regarde de plus près, on voit qu'il exécute le rôle qu'on lui demande de jouer. Ses souhaits à lui ne sont pas pris en compte. Par exemple, il joue au foot alors qu'il n'aime pas trop cela. Et puis, il aimerait bien se faire des copines, mais pas question ! Les garçons du groupe qu'il fréquente ont décidé qu'on ne parlait pas aux filles.

Certes, Nathan n'est pas isolé. Cependant, il souffre de sa timidité de manière indirecte, en étant obligé de faire siens les désirs des autres pour être accepté, et en se refusant certains comportements qui lui correspondent pourtant profondément.

Cette attitude est préjudiciable à la construction d'une personnalité épanouie. De plus, elle renforce le manque d'affirmation de base de l'enfant. Prenant l'habitude de ne pas énoncer ses idées, il finit par les trouver peu intéressantes. Moins il dit ce qu'il pense, moins il a envie de le dire. Cette inhibition peut même l'entraîner à ne plus penser par lui-même. Il devient très passif. C'est ainsi que, très souvent, on dit des enfants timides qu'ils « manquent de personnalité ». Cette expression assez terrible comporte bien entendu un non-sens. Tout enfant a une personnalité, et il existe autant de personnalités différentes que d'individus.

C'est sûr cependant : il est parfois difficile de dire qui est vraiment ce petit garçon effacé ou cette jeune fille très réservée... Surtout lorsqu'on les considère au sein d'un groupe, dans une situation très cadrée, comme dans une classe d'où n'émergent en général que ceux qui se font facilement remarquer par leur extraversion naturelle.

En général, les enfants peu affirmés n'ont qu'une idée en tête : ne pas se distinguer du groupe. Voilà qui, ajouté à l'effet de masse, les rend de fait assez transparents ! C'est plutôt en tête à tête que l'on découvre leur richesse intérieure. Ou en groupe plus restreint, lors d'un atelier scolaire ou à l'occasion d'une fête d'anniversaire. Connaître un enfant timide, cela suppose de la patience, voire de l'obstination.

Il y a toujours quelqu'un derrière un visage d'enfant. Si discret soit-il, l'individu est bien là, avec ses contours parfois surprenants, ses contradictions, ses qualités, ses points de tension... On ne peut donc dire d'un enfant timide qu'il manque de personnalité : cette apparence tient surtout à ce qu'il n'ose pas la révéler.

□ L'intolérance à l'échec

Qui ne se sentirait pas concerné par l'intolérance à l'échec ? Mais, lorsqu'un enfant manque d'affirmation de soi, les échecs sont encore plus durement ressentis. Ils sont souvent vécus comme une preuve supplémentaire d'incapacité. C'est pourquoi les situations anticipées comme étant « à risque » vont passer sous le coup de l'inhibition. Prendre la parole, proposer une activité, donner son avis ou encore réaliser quelque chose, ce sont là des actions aléatoires car elles peuvent aboutir à un résultat moins favorable que celui souhaité... Donc elles sont à éviter, surtout si elles se produisent sous le regard des autres. Alors, l'enfant va peu à peu restreindre son champ d'intervention.

> Mathias se caractérise par ce que ses parents qualifient de sensibilité exacerbée. Il supporte très mal la moindre contradiction ou remise en question. Dès qu'on lui dit non, il pâlit et son regard se porte sur ses chaussures ; il a l'air mortifié. Mais cela n'arrive pas souvent à la maison, car ce garçon de bientôt 9 ans est si timide que, s'il a la moindre idée, tout le monde s'empresse de l'approuver pour lui donner confiance !

Ce n'est pas pareil à l'école... Les copains ne sont pas aussi patients et délicats ! Alors, Mathias fait l'huître, rien ne sort de lui, rien n'y pénètre. Il semble étranger à ce qui se déroule autour de lui, reste très en retrait et ne participe à la vie de l'école que s'il y est vraiment obligé.

S'agit-il effectivement d'une sensibilité particulière, d'une carapace antifrustration, ou des conséquences d'une hyperprotection familiale ? En tout cas, la réserve est extrême et la méfiance maximale envers ce qui pourrait ressembler, de près ou de loin, à un échec.

Que l'apprentissage de la vie passe inévitablement par quelques déboires est inimaginable pour ces enfants. Il faut que cela marche tout de suite, sinon ils se sentent nuls et ne veulent pas recommencer l'expérience. Lorsqu'ils ont du mal à apprendre à faire du vélo ou s'ils ont fait une chute, ils peuvent refuser pendant des mois de remonter sur une bicyclette. De la même manière, s'ils croisent une fois un commerçant peu aimable, ils ne voudront plus faire des courses seuls. Si dans une fête ils ont l'impression qu'on s'est moqué d'eux, c'en est fini des réunions d'amis, parfois pour des années !

Certaines phobies sociales démarrent de cette manière, après une expérience vécue comme un échec. Impossible d'intégrer cette mésaventure ! Par la suite, toutes les situations assimilées à cette première déception seront évitées.

Dans la vie scolaire, les exemples sont légion. Car suivre une scolarité sans échec relève quasiment de l'impossible ! Dans l'optique d'éviter l'échec, certains enfants préfèrent travailler à bas régime, en se satisfaisant d'une petite moyenne. Et ils se retranchent de toutes les activités qu'ils considèrent comme risquées. On croit à tort, parfois, que ces activités ne les intéressent pas : en réalité, il s'agit d'un désinvestissement dicté par la peur. Crainte de ne pas être à la hauteur, peur de ne pouvoir supporter un échec sans s'effondrer.

Le sentiment d'incapacité personnelle est si grand qu'ils préfèrent être considérés comme « effacés », ce qui n'est pourtant pas flatteur. On les qualifie aussi parfois d'orgueilleux, lorsqu'il est évident qu'ils ne supportent pas la moindre atteinte à leur image. Certes, il est vrai que, comme les personnalités narcissiques, ils n'admettent pas l'échec. Mais on ne constate pas chez les timides d'attitude compensatrice de mise en avant par une vantardise dans d'autres domaines. Même quand ils sont rassurés ou à l'aise dans un secteur donné, ils se contentent de réaliser ce qu'on leur demande ; ensuite ils se font oublier, le plus vite possible.

□ Le caractère hésitant et culpabilisé

Le blocage de l'action et des relations

Autre trait commun des enfants timides, ils ont souvent du mal à choisir. C'est loin d'être anodin, on l'a vu. L'aptitude à faire des choix fait partie de l'affirmation de soi. S'affirmer, c'est souvent décider, adopter une direction ou une autre.

> Même lorsqu'il s'agit de choisir un cadeau d'anniversaire, Mélanie hésite des heures, ne parvenant pas à se décider. Complètement paralysée devant les rayons de jouets, elle fait une proposition, revient en arrière, change d'avis, rechange... Il est arrivé que sa mère, excédée, sorte du magasin sans rien acheter !
> En classe, c'est un peu pareil. Quand la maîtresse pose une question, va-t-elle lever le doigt ou pas ? Est-ce qu'elle sait vraiment ? Au moment où elle est presque décidée à parler, trop tard, la réponse a déjà été donnée.

Ainsi, les enfants souffrant de timidité nagent parfois dans le doute et l'indécision. Ils ont tendance à laisser leur entourage prendre les décisions pour eux, ce qui leur évite de s'exposer.

Petit manège fréquent chez eux : la présence à leurs côtés d'un « représentant », un copain-messager plus affirmé qu'eux, qui va formuler les requêtes pour eux, agir à leur place. Bien qu'astucieuse, cette manière de vivre par procuration constitue un piège. Là encore, l'absence d'implication personnelle va renforcer la difficulté à assumer ses actes. Et de manière croissante : plus l'enfant s'effacera, moins il osera se mettre en jeu.

Choisir, c'est souvent se démarquer. Et l'enfant timide a tellement peu envie de se montrer, de se distinguer, de se faire remarquer !

La passivité et le doute

Bien souvent, la question des choix se pose quand il y a quelque chose à faire. Et face à cette nécessité, l'enfant inhibé se trouve très anxieux. Dans ce type de situation, il tourne et retourne la question dans sa tête sans arriver à décider quelle direction suivre. Il a tendance à se réfugier dans ses pensées. Ce peut être normal si le problème est complexe, mais chez lui ce comportement concerne aussi bien des éléments mineurs : choisir un vêtement le matin, décider à quoi on va occuper son après-midi de congé, quel dessert on va prendre...

Ce repli dans la sphère intellectuelle augmente sa difficulté à agir, de manière globale. Ainsi, l'enfant timide est vite cantonné à une passivité qu'il estime protectrice, mais qui limite son champ d'investissement. Cela dit, s'il parvient enfin à prendre une décision, il n'est pas sauvé pour autant ! À lui les doutes ! A-t-il bien fait, n'aurait-il pas dû faire autrement, n'y avait-il pas de solution plus simple ?

Les questions sont nombreuses et sans fin... Et, de fait, l'action posée est ruminée, disséquée, réexaminée de multiples façons. Le doute peut replonger l'enfant dans l'angoisse. La prochaine fois, il ne recommencera plus ! Il laissera quelqu'un décider pour lui, ne donnera pas son avis... Cela lui évitera de se torturer après coup.

Autre aspect du problème, la culpabilité

Cet enfant si inquiet d'avoir dû se prononcer va aussi facilement se sentir fautif après avoir agi. C'est ainsi qu'après s'être fait violence et avoir pris une initiative, il se punit inconsciemment. Le processus qui l'amène à douter se conclut inévitablement par : « J'ai mal fait », « Je n'aurais pas dû ».

Selon le mécanisme de renforcement habituel dans les situations d'inhibition, l'enfant va chercher à s'épargner à l'avenir le vécu de ce pénible sentiment de culpabilité. Comment ? En évitant d'agir, bien sûr !

Chaque acte chez ces enfants est tellement réfléchi, pesé, qu'il tue toute spontanéité et empêche la liberté nécessaire à la fluidité des relations. Ils ont donc tendance à limiter leurs actions au minimum incontournable ou à adopter des attitudes stéréotypées.

□ L'humeur triste et le tempérament défaitiste

On l'imagine bien, le manque d'affirmation de soi, avec tout ce qu'il entraîne, ne pousse pas facilement à la bonne humeur. De fait, un enfant timide paraît souvent triste, alors même qu'il n'éprouve pas ce sentiment de manière profonde.

Certes, il convient d'être prudent : la tristesse n'est pas l'apanage des enfants qui manquent de confiance en eux et la dépression qu'elle peut indiquer ne les concerne pas spécifiquement. Mais c'est un signe généralement révélateur de malaise. Souvent d'ailleurs, c'est celui qui va attirer l'attention et interpeller l'entourage. La sagesse excessive ou la réserve ne sont que rarement considérées comme dérangeantes à elles seules ; l'apparence déprimée, elle, interroge.

Cependant, être timide, paralysé de trac peut donner un air abattu ou déprimé sans qu'il y ait de véritable pathologie. La mère de Roseline, 11 ans, raconte :

« Quand j'ai rencontré les professeurs de ma fille après quelques semaines de collège, j'étais perturbée ! Ils me décrivaient une enfant timide à l'extrême, ne prenant jamais part à la vie de classe et surtout très triste. Cela ne correspondait pas du tout à l'impression que j'avais de ma fille ! Elle partait le matin avec décontraction, retrouvait des copines, et le soir, quand je venais la chercher, elle semblait fatiguée, parfois contrariée par une mauvaise note, tout au plus. Impossible de l'imaginer en classe comme les professeurs la décrivaient... »

L'enfant confronté à une situation d'anxiété sociale peut, miné par l'inquiétude de performance, se sentir très découragé. De ce fait, il se met en retrait et affiche souvent un masque de tristesse. Mais il ne s'agit bien sûr pas d'une dépression ; les manifestations de tristesse, comme dans le cas de Roseline, sont généralement limitées à un domaine particulier. Sa maman poursuit d'ailleurs :

« Un jour, je suis venue la chercher en avance et je l'ai vue de loin, avec ses copines, devant le collège. Elles chantaient une chanson en esquissant des pas de danse, et Roseline riait de bon cœur. Cela m'a fait du bien de constater qu'elle pouvait se montrer à l'aise à certains moments de sa journée. J'ai compris alors que son problème était lié à la pression scolaire nouvelle pour elle, tout juste entrée en 6e. »

Ce témoignage plutôt rassurant montre que, dans la majorité des cas, l'humeur triste est uniquement reliée à certaines situations inhibantes. Mais, même légère, cette tristesse de l'humeur peut être assortie d'un sentiment de découragement, facteur aggravant du manque d'assurance.

Et c'est sûr, triste et vite découragé, un enfant manque de vivacité, et sa capacité d'échange en est amoindrie. Sans enthousiasme, l'enfant timide n'est pas très moteur. Bien souvent, il ne peut que se greffer sur d'autres, se rendant ainsi vulnérable au bon vouloir de ses camarades. Par ailleurs, ne croyant pas trop en lui, l'enfant timide ne se laisse pas de perspectives d'évolution. Il a du mal à se projeter dans un avenir riant et stimulant. En ce qui le concerne, il n'envisage, la plupart du temps, que des difficultés. Cela ne le rend pas bien gai, évidemment, et cela n'attire pas forcément beaucoup les autres enfants.

À l'adolescence, cette attitude triste peut avoir un effet romanesque séduisant : une porte de sortie inattendue !

□ Froideur et attitude distante

Fréquemment, les timides se construisent une sorte de carapace qui représente leur seul moyen de se soustraire à ce qu'ils ressentent comme une pression relationnelle insupportable.

Sous le poids du regard de l'autre, ils réagissent en forçant le trait. Ainsi, leur froideur a pour but, clairement ou pas, de maintenir l'autre à distance. Un peu à la manière du chat qui fait le gros dos pour impressionner un animal trois fois plus imposant que lui ! Et, comme pour le chat, parfois, ça marche. L'autre, touché par cette froideur, fait marche arrière et ne tente plus d'intimidation !

C'est une formule pratique, mais que l'enfant ne contrôle pas toujours. Cette froideur déteint sur son comportement même quand il ne le souhaite pas, et même sans qu'il en ait conscience. Ce moyen de défense se retourne alors contre lui. Le pire étant qu'il est alors le premier à se désoler de voir si peu de monde s'approcher de lui.

Les attitudes distantes, quant à elles, sont reliées directement à la tendance à l'évitement de l'enfant timide. Son envie de fuir lorsqu'il est confronté à une pression sociale ou relationnelle le met « en dehors », surtout s'il ne peut pas se mettre en retrait physiquement. Dans des situations extrêmes, chez certains enfants très fragiles, elle peut le conduire jusqu'à l'évanouissement.

Plus couramment, le timide a tendance à détourner son regard de l'autre quand il est en situation de face-à-face. C'est une attitude très dommageable, car elle a vite fait de le cataloguer comme sournois.

Paul, 10 ans, est souvent victime de ses stratégies d'évitement. En classe, les professeurs le trouvent fuyant, il ne répond jamais spontanément et, si on l'interroge personnellement, il regarde ailleurs. En fait, Paul a peur de rougir, et il sait que, s'il croise le regard d'un adulte qui l'impressionne, cela ne rate pas, il devient écarlate... De la même manière, il évite de distribuer les copies dans la classe, car là, c'est pire, tout le monde le regarde et il se met à trembler.
Les années précédentes, Paul a eu à souffrir de moqueries sur son rougissement et ses tremblement. Alors maintenant, il fuit et paraît distant, peut-être, mais pour lui c'est préférable aux remarques directes sur sa timidité.

Pour d'autres timides, la pratique de la distance n'est pas une attitude réactionnelle, mais un comportement premier qui correspond à un profond repli. Ils restent en permanence dans leur bulle. Ainsi, ils ne se frottent pas aux autres, vus comme effrayants dans leur diversité et leurs menaces d'intrusion. Il s'agit parfois d'enfants qui, peu stimulés petits ou déçus par une relation affective, se recentrent sur eux-mêmes, dans une indifférence progressive par rapport au dehors.

Comme on le voit, les attitudes distantes et la froideur sont souvent les signes d'une certaine souffrance. Elles témoignent d'un mal-être dans la relation et non pas d'un trait de caractère ou d'un défaut. Aussi, quand ces attitudes vont au-delà d'une introversion modérée, il convient d'être vigilant. Surtout si d'autres signes surviennent, comme l'absence de désir et les idées moroses. Mais tout cet ensemble indiquerait d'ailleurs beaucoup plus nettement un état dépressif qu'un simple manque d'affirmation de soi.

Le pôle de l'agression

Il peut sembler étrange d'évoquer l'idée d'agressivité, lorsque l'on parle de timidité. Les enfants qui souffrent d'inhibition sont plus facilement reliés à la passivité, la réserve, la douceur. Pourtant, certains timides, appelés parfois « enfants hérissons », ont une attitude très réactive qui ne les relierait pas de prime abord à la sphère de la timidité.

Mais ces enfants ne parviennent pas mieux que les autres à affirmer leur vraie personnalité, car leur principal recours est de s'exprimer de manière parfois brutale, sans que cela soit en accord avec leur personnalité profonde.

□ Le leurre du fort caractère

Ce que l'on croit être un fort caractère, pour ne pas dire un mauvais caractère, cache parfois de vraies inhibitions. L'enfant se dit : « Puisque je ne peux pas me manifester tel que je suis car j'ai trop peur, je vais me lancer et on verra bien ce qui va sortir... » De tels enfants sont parfois incapables de s'adresser normalement à un autre, surtout s'il est impressionnant.

Maxime, 11 ans, joue volontiers les gros bras dans la cour du collège. S'il s'adresse à un copain, il a tout de suite un langage agressif. Mais c'est une protection. Ayant peur de se faire agresser verbalement et de ne pouvoir y répondre, il prend les devants et impose le premier une façade qui impressionne.
Dans ses rapports aux professeurs, il adopte aussi un ton décalé, tour à tour provocateur ou plaignant, se situant comme agresseur ou comme victime. Jamais Maxime n'est lui-même face à quelqu'un, dans une relation assumée.

À d'autres moments, les mêmes enfants vont témoigner de leur timidité en passant sur le versant de l'inhibition. Par exemple, ils seront très « suiveurs » par rapport à un autre enfant « leader » ou bien très effacés en famille. En général, ils ne parviennent pas à s'affirmer comme confiants en leurs possibilités. De fait, leur angoisse sur eux-mêmes est importante. Et comme ils ne se sentent pas à l'aise dans la relation, ils réagissent, dans pratiquement tous leurs échanges avec autrui, comme un animal en danger face à un prédateur, se servant des mots comme de griffes et de crocs !

Maxime n'est jamais détendu : il demeure en observation inquiète de son environnement, prêt à sauter sur un adversaire au moindre danger. Prêt à en découdre même s'il n'y a pas de danger, ce qui est le cas la plupart du temps.

Méfiance, donc, devant ces attitudes qui cachent souvent une certaine inhibition. Une fois mis en confiance et rassurés, ces petits agressifs offrent parfois une face de leur personnalité bien différente, beaucoup plus douce. Tout se passe comme chez l'enfant inhibé qui cache ce qu'il est derrière une réserve considérée comme protectrice.

□ Il en fait trop

Parmi les réactions paradoxales de la timidité, il y a celle d'« en faire trop », également fréquente et facilement remarquable.

Non, un enfant qui se met en avant n'est pas nécessairement un enfant qui a confiance en lui, surtout si cette attitude est systématique et mal adaptée. En effet, celui qui se place exagérément sur le devant de la scène est au contraire souvent peu sûr de lui... et il le fait d'ailleurs de manière si maladroite qu'il ne parvient généralement qu'à passer pour un empoté ou un idiot.

> Damien, 7 ans, lors d'une sortie de la classe au zoo, s'est montré particulièrement agaçant. Il n'a cessé d'interrompre les explications du guide en disant : « Moi je sais ! » Lorsqu'on le priait de dire ce qu'il savait, il s'en sortait par une pirouette ou un « Je sais plus ». Quand la maîtresse demandait s'il y avait des questions, il se dépêchait d'en poser une, à laquelle ce guide avait déjà répondu, mais il n'avait pas écouté...

Damien n'est pas timide au sens évident du terme. Mais il a bien du mal à s'affirmer de manière tranquille et authentique. Se présenter en en faisant trop est un moyen de ne pas se montrer vraiment, et là encore de dissimuler sa vraie valeur. Comme il est angoissé à l'idée de ne pas être considéré parce qu'il ne s'estime pas suffisamment, Damien force le trait et se transforme en trublion.

À force de trop vouloir requérir l'attention, certains de ces enfants peuvent finir par exercer une véritable tyrannie. Incapables de s'imposer par leur simple présence, ils ont recours aux menaces ou aux cris. Et ils pensent que, si on ne les aime pas pour ce qu'ils sont, au moins on les respectera par crainte. Mais, contrairement aux vrais despotes, leur domination ne se retrouve pas dans tous les secteurs. La soif d'autorité peut s'exercer intensément à la maison, alors que l'enfant est plutôt doux à l'école. Parfois, au contraire, il est un féroce dictateur dans la cour de récré, alors qu'il n'a pas de problème de comportement en famille.

Peu importe les moyens que ces enfants utilisent, ce sont les signes d'un désespérant besoin d'être considérés.

□ Des plaisanteries incessantes

De la même façon, le plaisantin perpétuel peut dissimuler un grand timide. Encore une fois, il s'agit d'un masque, pour éviter de se poser tel que l'on est vraiment.

L'enfant qui raconte sans arrêt des blagues, qui tourne les propos des autres à la rigolade systématique, en profite pour ne rien dire vraiment de lui. Il est vrai que ce « petit rigolo » peut paraître à l'aise dans les relations, simplement un peu plus animé qu'un autre. Mais les professeurs connaissent bien cet amuseur permanent qui n'existe qu'à travers ses blagues : c'est comme si le rire des copains lui était nécessaire pour s'affirmer comme quelqu'un de valable.

Derrière ses pitreries, cet enfant reste très réservé sur lui-même et se révèle quasiment incapable de communiquer aux autres sa vraie personnalité. Ironiser sur tout et aussi sur soi-même permet de rester secret, les plaisanteries constituant autant de fausses pistes. En fonctionnant sur ce mode-là, on peut entrer en contact avec les autres, mais en évitant d'en être trop proche, ce qui serait insécurisant.

Certains enfants se révèlent même incapables d'établir un échange verbal autrement que sur le ton de la plaisanterie. Ils ne peuvent rien dire d'un sujet sans blaguer. Inévitablement, cela met une distance entre eux et les autres et ne permet pas une véritable communication.

Si cela peut pour certains apparaître comme un vrai talent qui plus tard fera d'eux des humoristes, cela n'en provoque pas moins, dans l'enfance, un blocage des échanges. Et ces blagues incessantes sont bien souvent, contre toute apparence, l'indice d'une gêne dans les relations. Dans le fond, l'enfant ne sait pas s'adapter aux personnes et aux situations, il est rarement à l'aise, d'ailleurs son attitude d'amuseur paraît parfois forcée. Les plaisanteries ont dans ce cas la fonction de créer une agitation interne. Tout cela dans le but de masquer l'angoisse dans le face-à-face avec les autres. Ce n'est pas à un vrai extraverti que nous avons affaire là, mais à un authentique timide. Il surjoue un personnage comique pour dissimuler son anxiété relationnelle derrière de l'excitation.

Bien sûr, c'est dans l'excès de ce comportement que l'on décèle cela. Les attitudes d'humour isolées, non constantes et adaptées, sont au contraire de bonnes réactions. Elles signent une confiance suffisante qui permet de se détendre avec autrui.

□ Réactions de prestance

Autre « déguisement », les différentes réactions de prestance qui témoignent, elles aussi, d'une difficulté à s'affirmer. Elles font la part belle aux apparences.

Tel enfant ne peut se rendre à l'école s'il n'est pas habillé à la dernière mode, arborant de préférence des « marques ». Là, il s'agit de se montrer plus fort, plus assuré, en affichant une image de soi conforme à l'attente des autres, normalisée socialement par la référence à la publicité.

Les grands pulls et larges pantalons de skater permettent à d'autres de se fondre dans la masse sans apporter de détails trop personnels. La simple appartenance à un groupe donné qui suit une mode les aide à se forger une personnalité. Se montrer dans une tenue échappant aux critères de la mode, tout en ayant quand même le sentiment d'exister, serait une façon bien trop complexe de s'affirmer quand on est dévoré de timidité.

> « Mes parents m'ont fait faire la rentrée de CM2 avec un jean de grande surface et des baskets de la marque du magasin de sport, je ne savais plus où me mettre ! dit Sandra. J'avais trop la honte, je n'osais pas regarder les copines, je n'avais qu'une envie, rentrer chez moi me cacher ! »

Sandra n'est pas seulement une victime de la mode, le problème est sans doute plus profond. Derrière l'apparente futilité de la préoccupation vestimentaire peut exister un véritable malaise personnel. Impossible d'habiter son corps s'il n'est pas masqué par des tenues protectrices car valorisées. C'est alors ce que l'on porte qui permet de se sentir quelqu'un de bien, et non pas ce que l'on pense de ses capacités.

□ Vantardise et mythomanie

Plus encore que le petit je-sais-tout mal à l'aise en société, l'enfant vantard laisse apparaître sa timidité. En effet, celui qui raconte sans cesse ses exploits, fictifs ou réels, qui monte en épingle ses qualités de manière excessive, présente souvent une problématique d'affirmation de soi. Ses vantardises cachent mal la piètre opinion qu'il a de lui-même. L'inhibition provoque une manifestation de prestance visant à cacher ce qui est dans le vrai.

Pour cet enfant, on ne peut être intéressant si on ne rameute pas les foules en faisant une super promotion de soi. Impossible pour lui de prendre sa place naturellement au sein d'un groupe. Il se trouve, dans le fond, si peu digne d'intérêt ! Personne ne le considérerait s'il n'en faisait pas des tonnes.

Parfois, les choses vont très loin. Trouvant insuffisant de parler de lui pour drainer l'attention des foules, l'enfant invente des éléments de sa vie. La timidité est abolie, puisqu'il est question d'un autre, qui n'existe que dans son imaginaire.

Bien sûr, le jeu est dangereux, car si on est découvert, la crédibilité est perdue et pour longtemps. Mais quel confort, pour un timide, de se cacher derrière un personnage qui ne craint rien puisqu'il n'existe pas !

Derrière la mythomanie, il y a bien souvent cette crainte de l'insignifiance si l'on se contente d'être soi, et une énorme inhibition de la personnalité réelle. Bien que déplacée, la souffrance est bien là et nécessite une prise en charge.

□ Hyperactivité et difficulté à s'affirmer

L'hyperactivité est certainement une des manifestations les plus paradoxales du manque d'affirmation de soi. Et pourtant !

Il est important de ne pas s'arrêter au modèle de l'enfant écrasé de timidité, replié dans un coin, cherchant à se faire oublier, figé dans l'angoisse d'un regard...

Figé, « l'hyperactif » ou désigné comme tel ne l'est pas ! Au contraire, on pourrait croire qu'il cherche à se faire remarquer par son agitation permanente ! Manquer d'affirmation de soi ne consiste pas forcément à éviter de se faire remarquer, mais à se dérober à l'appréciation des autres... Et quoi de mieux que le mouvement incessant pour se soustraire à l'observation ?

Éric a 6 ans et vient de commencer le cours préparatoire. Quelle différence avec la maternelle ! La discipline, bien sûr, l'immobilité, mais surtout beaucoup de vrai travail en classe, et des contrôles, donc des notes... Et avec des parents très exigeants qui attendent de lui qu'il soit le meilleur, il y a de quoi être inquiet ! Alors, au lieu de se concentrer calmement, et de répondre aux questions quand il le faut, Éric s'agite, tournicote sur sa chaise, fait tomber ses stylos, les ramasse, se cogne la tête... Interrogé au tableau, il a le fou rire, parce qu'il a failli rater la marche de l'estrade. Et cela, toute la journée. Il n'arrête jamais ! De ce fait, il agace fortement ! On le croirait monté sur ressorts !

Cette agitation témoigne souvent d'une forte tension intérieure, liée à la crainte de ne pas « y arriver ». L'anxiété face à la situation scolaire engendre facilement ce genre de troubles émotionnels directement issus du manque de confiance en soi. L'enfant dit « hyperactif » est en réalité souvent un timide qui s'ignore, ou qui est ignoré. Il peut être à sa façon un véritable phobique social qui évite tout vrai rapport humain par son agitation perpétuelle.

Comme dans le cas d'Éric, une importante anxiété de performance peut apparaître très tôt sur le terrain fragile d'une personnalité peu affirmée dans la petite enfance. Les manifestations d'agitation qu'elle entraîne traduisent un véritable trouble émotionnel.

Certes, ces attitudes paradoxales d'agressivité, d'agitation, de réactivité inadaptée sont moins fréquentes que les manifestations d'inhibition dans le manque d'affirmation de soi. Mais toutes méritent qu'on les considère comme d'authentiques marques d'insécurité intérieure. Cet « enfant hérisson » qui fait du bruit, remue, menace, s'énerve, a autant besoin d'être rassuré sur ses capacités que son proche cousin, l'enfant replié sous son épaisse couche protectrice de camouflage.

4

Aider son enfant à oser

Comme nous l'avons vu, le manque d'affirmation de soi peut s'exprimer à tout âge et prendre de multiples formes, dont certaines sont déconcertantes car elles ne correspondent pas à l'idée que les adultes se font du problème. Certaines pourtant peuvent être sévères et inquiéter à juste titre dans la famille ou à l'école. Comment faire pour s'y retrouver et aider l'enfant à s'affirmer ?

Les parents sont bien sûr les mieux placés pour faciliter la levée des inhibitions ou même les empêcher grâce à une attitude préventive. En effet, la relation entre les parents et l'enfant, ainsi que la place qui est faite à celui-ci dans la famille sont souvent déterminantes pour la mise en place de l'affirmation de soi.

Le milieu scolaire a bien entendu aussi une responsabilité dans l'installation de certaines timidités : il existe des situations de blocage dues à des enseignants inconséquents ou à des vécus scolaires douloureux. Mais la plupart du temps, c'est surtout le regard que les parents posent sur leur enfant à l'école qui compte. Et leurs exigences sont parfois bien lourdes, l'insécurisant fortement.

Au-delà de l'attention que les parents peuvent apporter à leur enfant, il existe des aides extérieures, non négligeables thérapeutiques ou récréatives, souvent complémentaires du « travail » fait en famille.

En famille

La famille est un large champ d'expériences qu'il n'est pas facile d'aborder, que l'on soit parent ou enfant.

Nombreux sont les sujets délicats. Citons, entre autres, le positionnement des uns par rapport aux autres, la question du respect des territoires, de l'intimité, des interdits... Tout cela joue un rôle capital pour la mise en place de la confiance en soi d'un enfant. En outre, se pose la question de l'autorité, tout aussi déterminante. Certes, l'équilibre n'est pas facile. Les erreurs sont fréquentes, et permises ! À condition que la ligne générale reste cohérente et souple.

□ La famille comme un système

Il est intéressant de considérer la famille comme un système, c'est-à-dire un ensemble de personnes reliées entre elles, en mouvement permanent. C'est ainsi que deux enfants de même sexe, élevés par les mêmes parents, dans un lieu semblable, n'auront pas la même conduite ni la même personnalité. Souvent d'ailleurs, ils seront bien différents, l'un extraverti et tonique, l'autre timide et intellectuel...

Le système familial qui les a accueillis l'un et l'autre n'était pas le même au moment de chacune des naissances. Les attentes des parents peuvent différer. Par exemple, ils ne sont pas préparés de la même manière pour un premier enfant ou pour un troisième garçon ! Les projections parentales, l'imaginaire du père et de la mère vont donner une certaine assise et une trajectoire de vie à un bébé. C'est précisément la rencontre de leurs attentes et des désirs de l'enfant qui mettra en place son individualité et la confiance qu'il placera en lui-même.

La place dans la lignée de frères et sœurs et le sexe apparaissent souvent déterminants aussi quant à la possibilité ou non de s'affirmer dans une personnalité reconnue par les autres. Dans certains cas, les parents souhaitent un garçon ou une fille parce qu'ils ont une appréhension vis-à-vis de l'un ou de l'autre. Ils pensent qu'ils ne « savent » pas élever une fille ou un garçon.

Quand Marianne, mère de 34 ans, a appris que son deuxième enfant serait un garçon, quelle perplexité... Elle-même a trois sœurs, son compagnon est fils unique et il n'y a pas de bébé garçon dans leur entourage proche. Comment s'occuper d'un garçon, se confronter à un corps si différent ? Marianne se pose de nombreuses questions : les garçons ont-ils forcément un tempérament bagarreur, difficile à gérer ? Son fils voudra-t-il faire du foot, se marier avec sa maman quand il aura 5 ans ? Que de complications ! Elle pense, à tort, qu'élever des filles, c'est plus simple, puisqu'elles sont ses semblables.

En ce qui concerne les « mauvaises » places pour l'affirmation de soi, force est de constater que les aînés sont souvent au premier rang. Eh oui, en tant que premier enfant du couple, ce sont eux qui essuient les plâtres ! Face à cette première grossesse, puis devant ce premier bébé, mamans et papas sont facilement désarçonnés, voire angoissés. L'inquiétude qu'ils peuvent ressentir se transmet vite à l'enfant, qui aura parfois du mal à se sentir sûr de lui dans cette ambiance insécurisante.

En revanche, ce premier enfant est souvent très investi en tant que premier, ce qui compense l'inquiétude ambiante. Ce fort placement affectif favorise bien sûr une bonne estime de soi. Mais ce ne sera pas toujours suffisant pour surmonter l'inhibition liée à l'appréhension des parents lors des premières années.

Dans les familles comportant plus de trois enfants, s'il y a un garçon ou une fille unique, il peut lui être difficile de s'affirmer dans sa différence.

C'est le cas de Nolan, seul garçon au milieu de trois filles. Il a tendance à s'effacer en société et a du mal à côtoyer d'autres garçons, peu habitué à l'échange « entre hommes ». Dans la maison, il est clair que les « filles » ont le pouvoir.
La maman travaille chez elle à des travaux de couture, et les sœurs de Nolan ont largement contribué à la décoration intérieure de la maison, qui est très féminine. Il y a même des paillettes dans la salle de bains ! Nolan a bien du mal à affirmer sa spécificité de garçon dans cet univers et à imposer son identité sexuée. Le père, très pris par son travail, est peu présent à la maison. Il donne donc irrégulièrement à son fils, dont il est pourtant très fier, les appuis nécessaires pour se poser comme un petit homme.

Les repères et les possibilités d'identification sont capitaux pour avoir confiance en soi et s'affirmer. Il faut une certaine force pour dire que l'on est autre, et que l'on veut vivre avec ses caractéristiques de garçon au milieu des filles.

□ La jalousie fraternelle

D'une manière générale, tout ce qui modifie notablement le système familial peut avoir un effet inhibant. Parmi les événements intrafamiliaux majeurs, une nouvelle naissance peut constituer un facteur important de déséquilibre. Surtout quand les aînés ont déjà quelques failles dans leur confiance personnelle.

Beaucoup d'enfants, à la naissance d'un frère ou d'une sœur, pensent qu'ils ne suffisaient pas à leurs parents : ceux-ci ont donc décidé d'avoir un autre enfant pour compenser le manque. Et il est certain que les expressions extatiques devant le nouveau-né renforcent l'impression que ce bébé est extraordinaire et qu'à côté, on ne vaut plus rien.

Des questionnements sur la valeur de son sexe apparaissent. Si papa et maman sont si contents d'avoir ce bébé qui est un garçon, cela peut se traduire par « être une fille n'est pas valable ». Comment dans ce cas avoir envie de se mettre en avant quand on n'est *que* la grande sœur ? Par ailleurs, l'affirmation de soi dépend aussi de celle des autres enfants de la famille. Un cadet peut se sentir inférieur à une sœur déjà lancée dans la vie, qui a des activités de « grande » et qui a beaucoup plus d'autonomie et d'aisance que lui.

> Léo, 7 ans maintenant et troisième de la famille, s'est arrêté de dessiner vers 5 ans. Il admirait ce que son frère de 10 ans réalisait à la peinture et les coloriages parfaits de sa sœur aînée très méticuleuse. Peu à peu, cela l'a complètement bloqué pour ses propres réalisations : il critiquait violemment ses dessins. Par ailleurs, il a commencé à se replier sur lui-même en se disant ensuite incapable d'apprendre à lire et à écrire lors de son C.P.

Ce complexe d'infériorité peut facilement se développer face à des aînés. Surtout lorsque l'on est « le petit dernier » avec un certain écart d'âge. Le constat d'incapacité relative est vite fait !

Non, la place du petit n'est pas forcément plus facile pour développer sa personnalité. On peut se sentir faible et sans ressources quand les autres savent nager, font du vélo, et que l'on reste sur la touche... surtout si les commentaires des grands enfoncent le clou !

Pour contrer cela, les enfants cadets se développent souvent en choisissant des terrains d'élection qui ne sont pas déjà investis par les plus grands. En ce qui concerne la personnalité, la tâche est plus compliquée. Comment s'affirmer quand l'aîné a une forte personnalité et une expérience de la vie que l'on ne possède pas encore ?

La concurrence peut être forte et créer une angoisse qui pousse l'un des enfants au retrait. Il refuse alors d'exister pour lui-même, se contentant, si l'on peut dire, d'être dans l'ombre d'un aîné plus brillant.

La place aux yeux des parents

L'affirmation de soi est souvent une question de place dans la famille. Sur un plan concret mais aussi symbolique. Il est bien utile de repérer ce qui facilite le positionnement d'un enfant afin de lui permettre de se situer en bonne harmonie à la maison.

Faut-il lui laisser toute la place afin qu'il ait confiance en lui, qu'il se sente exister, et qu'il s'affirme au sein de sa famille ? Certainement pas ! Ne pas rencontrer de limites ni de concurrence équivaut au contraire à ne pas savoir vraiment qui l'on est. De plus, une certaine angoisse liée à cette absence de repères peut se développer. Par ailleurs, un enfant à qui on donne toute la place au détriment d'autres investissements parentaux va avoir une charge très lourde sur les épaules. Comment être à l'aise et avoir confiance quand la moindre défaillance risque d'entraîner une déception inacceptable pour ses parents ?

Il est donc bien risqué de transférer cette charge sur un enfant. L'omnipotence dans la sphère familiale peut même aboutir à l'inverse de ce que l'on s'imaginait en droit d'attendre. En effet, l'enfant surinvesti peut accepter de relever le défi et se construire une personnalité forte et affirmée, mais attention aux échecs et à leurs conséquences ! Cette constitution n'est pas toujours si solide... L'effondrement peut parfois survenir des années après, alors que l'enfant est devenu un adulte apparemment bien installé dans la vie.

Parfois aussi, l'enfant est incapable de s'inscrire dans le

désir familial : il se recroqueville alors sur lui-même, timide, incapable de poser ses propres choix et d'énoncer des volontés personnelles.

Thomas, 10 ans, dont les parents sont séparés, est un enfant surinvesti scolairement par son père, au point qu'il est entré en 6e avec un an d'avance. Mais cette 6e se passe mal, et Thomas doit redoubler. Son père vit cela comme une catastrophe, et se détourne de lui. Il oriente alors manifestement son énergie sur son beau-fils, qui lui paraît plus brillant scolairement. Thomas ne se sent plus aimé comme avant. Il se ramollit, devient angoissé et effacé en classe. Six mois après, on ne reconnaît plus cet enfant dont on admirait l'aisance.

Les territoires

Pour s'affirmer, il importe d'avoir un territoire à soi respecté par les autres. De ce point de départ, il sera ensuite question d'oser aller sur le territoire des autres, quand ils l'autorisent.

Cette notion de territoire est à la fois concrète et symbolique. Là encore, comme on l'a vu sur le plan affectif, donner trop d'espace sans limites peut angoisser et faire peur. Il est plus facile d'aller au fond d'un jardin terminé par un mur que de parcourir la même distance dans le désert.

De fait, un enfant, qu'il soit petit ou grand, a besoin d'être structuré dans sa famille et ses lieux de vie.

Les lieux concrets de la maison

L'enfant ne peut pas aller partout où il veut tout le temps. Il lui faut tenir compte du besoin de calme du grand frère ou de la nécessité d'intimité des parents dans leur chambre. Respecter les territoires de l'autre, c'est aussi pouvoir faire respecter les siens.

Et puis, pour s'affirmer quand on est petit, il est important de se repérer et de distinguer les espaces de vie pour s'y épanouir. La répartition des espaces « privés » et « publics » a bien plus d'importance qu'il n'y paraît pour l'affirmation de soi.

Encore une fois, l'absence de limites, au-delà du plaisir immédiat, insécurise et n'aide pas à se construire.

Les lieux symboliques de la famille

La notion de différence des générations, si elle est bien posée en famille, permet aussi à un enfant de se sentir bien dans sa peau de petit enfant. Cela le protège de l'illusion de pouvoir être l'égal de son parent de même sexe.

Pouvoir entrer comme on veut dans la chambre parentale en niant la relation entre les parents n'est pas bon. L'enfant, inconsciemment culpabilisé, ne sait plus où en est son positionnement dans la famille. Et, oui, préserver des territoires et des moments de vie à deux, quand on est parents, ce n'est pas seulement agréable, cela évite aussi bien des inquiétudes à son enfant. Car en l'absence de limites extérieures, il va devoir les mettre en place lui-même ou se confronter au flou des relations.

Les lieux propres à l'enfant

L'enfant doit respecter les territoires des adultes, et les parents doivent l'y aider. Mais l'inverse est vrai également. Dans une famille où les territoires ne seraient respectés qu'à sens unique, un enfant se sentirait bafoué et très diminué. Il est donc capital de ménager à un enfant son espace à lui, tant que faire se peut. Et, surtout, de ne pas empiéter sur son territoire en pénétrant abusivement dans son espace privé.

Cela commence très tôt ! Il n'y a pas que les adolescents qui prennent plaisir à avoir leur chambre « protégée » ! Dès qu'un petit enfant s'est construit sa capacité à être seul, c'est-à-dire à se sentir bien en étant autonome dans ses jeux et actes, il est bon de lui laisser un endroit à lui, qu'il structurera à sa guise. De fait, quand il pourra s'exprimer avec une certaine liberté dans un endroit à lui, il se sentira respecté dans ce qu'il est. Et, on le conçoit bien, se sentir ainsi considéré est bien l'un des meilleurs encouragements pour s'affirmer.

Bien évidemment, il faudra aussi qu'il sorte de son antre pour s'affirmer au-dehors. Certains enfants, très timides, sont toujours fourrés dans leur chambre. Pour cela, les espaces mixtes, c'est-à-dire accessibles à tous les membres de la famille, devront être aussi délimités. Souvent, en effet, l'enfant ne sort pas de son espace privé car les autres lieux de la maison ne sont pas assez clairement définis. Ils ne lui permettent pas d'expérimenter l'autre aspect des territoires familiaux, à savoir la découverte de l'espace de l'autre.

□ Le respect du corps

La place physique de l'enfant

Au-delà de la question des territoires, se pose la notion de place physique de l'enfant, la manière dont on tient compte de lui, de son corps et de son intimité.

Comme on l'a vu, les manifestations de timidité s'inscrivent souvent corporellement, parallèlement à l'inhibition psychique. De même qu'une inhibition physique va se traduire dans les relations par un manque de confiance en soi, inversement, une idée négative sur ses capacités va bloquer l'aisance corporelle de l'enfant. Ainsi, un sentiment de ne pas être à la hauteur ou une difficulté à s'affirmer dans ses propos va s'accompagner de maladresses, de tremblements ou de rougeurs qui accentueront le malaise.

Dans l'enfance, le corps prend de bonnes ou mauvaises habitudes ! La fluidité de l'utilisation du corps se met en place dès le plus jeune âge. Bien sûr, cette découverte du corps et son maniement sont en étroite relation avec l'entourage de l'enfant. Les proches vont faciliter ou inhiber le mouvement et renvoyer à l'enfant une image de son corps plus ou moins satisfaisante.

Un enfant est ravi quand il réussit seul une performance physique, comme monter sur un obstacle ou faire une roulade. Dans ces moments précieux pour sa future affirmation de lui, il prend conscience de ses possibilités et se sent plus fort. En lui ménageant de telles expériences, les parents ont un rôle capital à jouer pour permettre à l'enfant de bien habiter son corps et d'asseoir sa confiance physique.

L'intimité nécessaire et la bonne distance

L'accompagnement psychomoteur est capital et constitue une part importante du développement de l'affirmation de soi. Mais, au-delà, la manière dont le corps de l'enfant est considéré dans sa famille est également fondamentale.

C'est aussi par le respect de son intimité que les parents vont contribuer à la mise en place de l'affirmation de soi de leur enfant. Il est tout à fait important que le bébé puis plus tard le petit enfant soit considéré comme une personne à part entière et non pas comme un prolongement, une annexe de ses parents.

On constate dans certaines familles que, sous prétexte d'amour très fort ou de fusion, l'enfant n'a ni autonomie de lieu, ni autonomie psychique.

> Les jumeaux Magali et Anthony, 3 ans, ne semblent pas avoir la possibilité de se retrouver seuls lorsqu'ils sont à la maison en compagnie de leurs parents. Ils ont une chambre, dans laquelle ils ne vont pas spontanément pour jouer, même de courts moments, car le salon familial a été transformé en véritable salle de jeux.
>
> Le bain ne se prend que rarement seul, mais plutôt avec papa ou

maman. Et, pour dormir, c'est toute une histoire, puisque les enfants ont très longtemps réclamé la présence de la maman, qui dormait dans leur chambre sur un matelas. Depuis environ six mois, le problème est « résolu » pour les parents. Ils ont acheté un très grand lit à deux places et dorment avec leurs enfants.
À l'extérieur, le comportement des enfants est très craintif s'ils doivent se séparer de leurs parents, même pour un court moment. Et l'entrée à l'école maternelle inquiète beaucoup toute la famille !

Les parents sont plutôt censés faciliter à leur enfant l'accès à des moments d'indépendance, afin qu'il expérimente sa capacité à être seul. Le corps-à-corps non stop est préjudiciable, car il ne lui offre pas la possibilité de se retrouver face à sa réalité corporelle. D'autre part, il perpétue inconsciemment pour l'enfant l'idée qu'il continue à ne faire qu'un avec sa mère, ce qui ne favorise pas la nécessaire différenciation qui lui permettrait d'affirmer sa propre personnalité.

Par ailleurs, lorsqu'un enfant n'a pas de place à lui, qu'il est « confondu » avec ses parents, il n'a pas non plus vraiment d'intimité. Ultérieurement, ce manque peut déclencher des réactions de pudeur excessive ou des comportements corporels inadaptés quand l'enfant est en compagnie d'autres personnes.

Il s'agit aussi, dans les questions d'intimité, de se passer du contenant que peut représenter le parent et de développer sa propre enveloppe, son « moi-peau ». Des enfants trop collés physiquement à leurs parents auront souvent du mal à se sentir bien, seuls face à un autre, car ils seront d'emblée insécurisés par l'absence de contact.

On ne remet évidemment pas en question les bienfaits du portage et des câlins parentaux, surtout dans la prime enfance. Ils contribuent largement au sentiment de sécurité du bébé. Mais trop c'est trop, et le parent quitterait alors le registre de la protection naturelle et rassurante pour l'hyper-protection invalidante.

Plus l'enfant grandit, plus l'intimité est une nécessité que les parents doivent ménager. Vers 7 ou 8 ans, les enfants ont besoin de se rassurer devant un corps qui n'est plus celui du petit, de se trouver seuls avec ce corps, de sentir qu'il est à eux et qu'ils ne sont pas un « morceau » de leurs parents. Sans ces moments passés seul avec soi, pas de connaissance corporelle, pas de confiance en ses possibilités et pas d'autonomie facilitant la maîtrise de soi.

□ Questions d'autorité

Le dosage de l'autorité est un aspect délicat de l'éducation familiale. Ici encore, nous abordons une notion capitale pour le développement de l'affirmation de soi.

Deux idées de base sont à garder en tête : un petit a besoin de limites pour évoluer et affirmer sa personnalité, mais une autorité écrasante tuera dans l'œuf le développement d'une individualité enfantine.

Pas d'autorité du tout

Après tout, pourrait-on se dire, un enfant qui ferait tout ce qu'il souhaite développerait une forte personnalité et beaucoup d'assurance, puisqu'il ne serait jamais contrarié, ni opprimé. En réalité, il n'en est rien.

Certes, des enfants élevés sans autorité par des parents laxistes à l'extrême n'apparaissent guère timides : ils sont batailleurs, exigeants, souvent caractériels.

Mais cette absence d'autorité n'a pas facilité la mise en place d'une bonne confiance en soi. En effet, un enfant qui sait s'affirmer authentiquement n'a pas besoin de se battre pour cela. Un enfant rassuré n'agresse pas les autres et n'a pas besoin d'obtenir toujours plus pour compenser des manques. Ces enfants présentent ce que l'on appellera une « fausse bonne estime de soi [1] ». L'absence d'autorité clairement établie aboutit souvent à la constitution de ces « enfants hérissons », des timides qui n'en ont pas l'air, mais qui peinent à se frayer un chemin affirmé et font beaucoup de bruit pour rien !

Que se passe-t-il quand il n'y a pas d'autorité claire à la maison ?

Cela peut paraître plaisant au départ pour un enfant de ne pas avoir de cadre. Mais cela finit par être angoissant. Avoir la possibilité de tout faire, même des actions périlleuses pour soi ou les autres, devient vite assez inquiétant.

Pour un enfant, limite signifie protection. Savoir qu'il y a des choses interdites et d'autres possibles permet de se construire sans risque. Cela pousse aussi à apprendre à formuler ce que l'on veut.

Et puis, bien souvent, si l'autorité est défaillante, le décalage avec l'extérieur est grand et la socialisation délicate. Car s'il n'y a pas de loi en famille, il y en a une dans la société ! Un enfant élevé sans limites chez lui va d'abord continuer à se comporter de la même façon au-dehors et vite se rendre compte que c'est impossible.

Parmi les attitudes possibles après un affrontement plus ou moins dur avec des adultes ayant autorité, figure le repli sur soi. Comme en témoigne l'exemple de Terry :

Terry, 9 ans, est amené en consultation par sa grand-mère qui le prend en charge en France métropolitaine, après une enfance douloureuse à la Réunion. Cet enfant, très en retard à l'école, était battu par son maître en maternelle et n'en disait rien. Cela a duré trois ans.

Les parents de Terry étaient peu mobilisables. Un papa souvent

1. Voir E. Rigon, *Papa, Maman, j'y arriverai jamais !*, Albin Michel, 2001.

parti pour son travail et une maman fragile, abandonnée à la naissance par sa propre mère. Elle voulait faire de son fils un « roi sur terre » et ne se sentait pas capable de lui mettre une quelconque limite. Conséquence de cela, lorsque l'enfant s'est retrouvé maltraité en classe, il n'a pas identifié le comportement de son maître comme anormal, mais comme la manifestation de cette autorité qu'il ne connaissait pas. Sans repère ni interdit, il était très tyrannique à la maison et facilement insupportable en famille. Payer cela par des coups en classe était une équation évidente pour Terry, il fallait bien qu'il soit puni quelque part... Et il se retrouvait maintenant pétrifié dans toutes les situations relationnelles rappelant l'autorité, même la plus mesurée.

Comme on le voit, l'absence d'autorité donne à l'enfant une mauvaise appréciation de la réalité extérieure. Bien souvent, s'il s'est trompé en se positionnant socialement, il préfère renoncer et rentrer dans sa bulle plutôt que s'affirmer progressivement selon les situations. Manque la base vers laquelle il est si sécurisant de revenir pour se confronter à des situations nouvelles. Et celle-ci est constituée pour bonne part par l'autorité souple mais constante des parents.

Trop d'autorité

À l'opposé, sous couvert d'éducation dite « stricte », certaines familles frôlent la maltraitance à enfant. L'autorité tyrannique peut détruire un enfant en l'empêchant d'exister : elle constitue une véritable violence psychologique dans certains foyers.

Certes, on préconise de l'autorité pour donner des repères à l'enfant. Alors, ne vaut-il pas mieux lui inculquer des limites et des interdits, même si c'est par la manière forte ? Eh bien non : l'abus d'autorité fabriquera souvent des timides qui auront bien du mal à exister.

N'oublions pas qu'un enfant souhaite avant tout recevoir de l'amour de ses parents. Il est prêt à beaucoup pour cela, y compris à nier sa propre personnalité et à oublier d'avoir des envies propres. Un parent abusif adopte un véritable style de « commandement » qui ne tient pas compte des désirs de son enfant. Il a tendance à le façonner à son idée, selon ses propres critères. Certes, il met des « interdits », mais bien trop ! On ne trouve même quasiment que cela dans ce type d'éducation... N'est autorisé que ce qu'il souhaite. Sanctions négatives et punitions pleuvent, mais pas de compliments, ni de gratifications.

Dans ce cas, difficile de trouver l'envie d'avancer pour soi. Au plus, l'enfant agit pour garder un peu d'estime de la part de ces parents si peu tolérants. Mais se mobiliser pour lui, il n'y pense même pas ! D'ailleurs, un enfant broyé par un système ainsi destructeur a peu d'existence propre et une conscience de soi bien ténue.

L'autorité « écrasante », on l'a déjà évoqué, n'est pas toujours celle qui se voit le plus. Claques, cris et punitions ne sont pas les seuls éléments de tyrannie familiale. Certains parents dévalorisent constamment leur enfant. Ils lui montrent ouvertement qu'on ne peut lui faire confiance, qu'il est incapable, qu'il ne mérite pas d'obtenir ce qu'il demande... Il y a là une forme d'autoritarisme très sournois. De fait, tout ce que l'enfant pourrait tenter de mettre en place pour lui est invalidé. Il s'agit là d'une « castration » permanente, qui bloque toute tentative de réalisation personnelle. L'enfant avance coincé par un pouvoir sans concession, cantonné dans le rôle d'exécutant que ses parents veulent pour lui. Bien souvent, il lui faudra un gros travail pour s'affranchir de ce joug. Ce n'est qu'à l'aide de relais bienveillants qu'il pourra se reconstruire peu à peu et s'affirmer authentiquement.

De vous à lui

La question de la timidité touche au plus près la relation directe entre un parent et son enfant. Au-delà des principes éducatifs et des repères familiaux, c'est bien souvent en tête à tête que l'on peut faire prendre conscience à son enfant de ce qu'il est, de ce qu'il vaut.

Plus que toute autre chose, l'acceptation est fondamentale. Car c'est en se sentant aimé et respecté pour ce qu'il est qu'un enfant aura envie de se montrer aux autres, de se révéler.

□ Accepter son enfant tel qu'il est

Accepter qu'il soit timide

Lors de la naissance d'un enfant, les parents sont pleins de joie, mais aussi d'espoir et d'idéal autour de leur bébé. C'est sûr, il sera le plus beau, le plus fort, le plus intelligent que la terre ait jamais porté ! Et puis si, en plus de tout cela, il pouvait réussir dans la vie, être à l'aise, bien communiquer, ce serait parfait...

Il est bien sûr normal – et souhaitable – d'avoir des attentes vis-à-vis de son enfant et de désirer que les fées se soient penchées sur son berceau. Mais il faut aussi être capable de se confronter à la réalité. En effet, il sera rarement conforme à ce que l'on avait projeté sur lui en tant que parents... Et tant mieux pour lui !

Quels que soient les domaines, il est capital de se montrer adapté à ce que l'enfant est réellement pour qu'il se donne le droit de s'affirmer. On ne peut pas attendre d'un enfant sans cesse critiqué dans ses choix et son comportement autre chose qu'une bonne dose d'inhibition.

Bien souvent un enfant timide n'ose pas se montrer, car

ce qu'il est n'est pas reconnu comme valable par ses proches.

Caroline est très timide. Au grand désespoir de sa mère qui la voudrait « battante ». Seulement voilà, la petite fille a très peu l'occasion de dire ce qu'elle pense, dans une famille où seuls les parents ont le droit d'avoir raison. Ses envies sont souvent rabaissées : « On ne joue plus à la poupée à 10 ans ! », ses goûts sont critiqués : « Tu regardes encore ces dessins animés ridicules. » D'autre part, ses envies de réalisation sont contrariées : Caroline voulait faire de l'équitation, mais sa mère l'a inscrite à la danse. C'est mieux pour l'aisance corporelle, dit-elle.
Après avoir tenté de s'opposer, ce qui a été vivement sanctionné, Caroline est maintenant entrée dans une phase d'inhibition. C'est son seul moyen de résistance à sa mère, et en même temps un moyen bien dérisoire de marquer la douleur de ne pas être acceptée par elle.

Il est important d'écouter ses enfants et de les regarder évoluer à leur rythme. Inutile de paniquer si on a l'impression qu'ils ne réussissent pas très bien dans un domaine ou un autre.

Félicien ne sait pas encore faire du vélo à 7 ans ! Ce n'est pas en stigmatisant le fait et en le transformant en handicap qu'il aura l'assurance nécessaire pour monter sur sa bicyclette.
Amélie n'aime pas parler en public, cela viendra peut-être, surtout si son refus est aujourd'hui admis par ses parents et ses professeurs.

Pour qu'elles soient constructives, les attentes des parents doivent absolument être réalistes par rapport à ce qu'est l'enfant. Plus il grandit, plus il consolide les marches d'escalier vers l'affirmation de soi. C'est vraiment lui rendre un grand service que de le voir et l'accepter tel qu'il est, avec ses points forts et ses points faibles. C'est ainsi qu'il pourra établir son sentiment de sécurité intérieure et devenir plus affirmé. Le rejeter à travers ce que l'on n'aime pas chez lui, c'est l'angoisser sur sa valeur. Et cela ne pourra que le déstabiliser dans son cheminement pour devenir un individu à part entière.

À propos d'individualité, certaines phases du développement de l'enfant sont plus délicates que d'autres pour les parents. C'est le cas du passage de la dépendance presque totale du bébé à l'autonomie du petit enfant. Il n'est pas toujours simple d'accepter ce qu'il devient, les changements de sa personnalité et l'opposition qu'il peut manifester pour se poser, justement !

Les étapes sont multiples, l'enfant est en perpétuelle mutation, il ne reste pas le « petit » de ses parents ! Si cette évolution n'est pas bien vécue, il peut vouloir rassurer ses parents et se mettre à stagner. Dans ce cas, il ne s'affirme pas tel qu'il est mais reste à l'image du petit être dépendant qui donne une raison de vivre à sa mère.

Autre solution, l'enfant sent bien que cela contrarie son parent qu'il affirme son individualité. Alors, culpabilisé inconsciemment, il va éviter de se mettre en avant, de se prononcer. Cette phase est particulièrement fréquente à la prépuberté. L'enfant préfère alors une réserve prudente à la manifestation de ses désirs. En fait, il a peur que son parent n'accepte pas sa volonté d'indépendance et lui en veuille.

Bien sûr, accepter ce qu'est l'enfant ne signifie pas rester sans réaction devant ses points faibles et ses petits travers. Une acceptation inconditionnelle, sans référence à ce qui est bien ou mal dans l'absolu, gênerait son repérage social. Il risquerait fort de se cogner aux autres de manière désagréable, ce qui ne serait pas vraiment épanouissant !

On peut tout à fait accepter son enfant tout en lui faisant remarquer que l'on n'aime pas trop tel aspect de son comportement.

□ Accepter qu'il ne soit plus timide

Si beaucoup de parents souhaitent voir leur enfant moins timide, c'est moins évident pour d'autres. En effet, certains se sentent protégés de l'abandon par le maintien de leur enfant dans une attitude de retrait. « Il est si timide qu'il ne me quittera jamais... »

Comme à l'école pour un enseignant, avoir un enfant timide à la maison peut être reposant ! On se sent moins remis en question. Son comportement paraît facile à gérer. Et puis, l'estime de soi est protégée ! Un enfant inhibé, cela ne fait pas d'ombre, c'est rassurant, même si parfois sincèrement on souhaiterait qu'il soit plus audacieux. C'est une des raisons pour lesquelles certains enfants ont peur de s'affirmer : ils craignent de remettre en cause l'équilibre familial, de prendre la place des autres, de déstabiliser leurs parents. Pour sortir de sa réserve, un enfant doit sentir qu'il peut dépasser ses parents sans provoquer leur effondrement.

Perrine, 10 ans, a toujours été la timide de la famille. Aînée d'une sœur de 8 ans très délurée, elle joue volontiers les seconds rôles. Gênée en classe par l'absence presque totale de participation orale, elle a rencontré le psychologue scolaire qui a conseillé une thérapie.

Depuis, les parents de Perrine sont régulièrement confrontés à une enfant qui formule des demandes de responsabilité, veut sortir avec des copines, partir en vacances en colonie... Elle est aussi capable de « coups de gueule » très surprenants. La maman de Perrine dit qu'elle reconnaît parfois difficilement sa fille et qu'elle doit entièrement repenser sa relation avec elle. Pour le papa, c'est encore pire. Il se sent menacé dans son autorité, qu'il est maintenant obligé d'exercer avec autant de vigueur face à ses deux filles.

Un enfant qui sort enfin de sa réserve, cela peut être très déstabilisant ! Mais pour qu'il se débloque et accepte de changer en s'affirmant, il doit se sentir accepté aussi dans sa perspective d'évolution.

□ Dialogues

Prêter une oreille

Il ne s'agit pas de se transformer en thérapeute de son propre enfant. Cependant, travailler avec lui cette question de l'affirmation de soi va passer par beaucoup de dialogue.

Souvent, les parents d'enfants timides se plaignent de ce que leur fils ou leur fille ne parle pas, alors qu'il a toute liberté de le faire. On est généralement loin maintenant des modèles anciens où il était interdit de parler à la table familiale. Cependant, pouvoir parler ne signifie pas que l'enfant a plaisir à parler, ni qu'il en voit la nécessité. D'autre part, y a-t-il une vraie parole dans la famille, qui sert à l'échange et pas seulement à régler des détails matériels ? Comme le chante Jacques Brel : « Faut vous dire Monsieur/Que chez ces gens-là/On ne cause pas Monsieur/On ne cause pas, on compte... » Et puis, pour parler, encore faut-il avoir le sentiment d'être écouté.

Parfois, un petit enfant se trouve face à un parent bavard car de tempérament très expansif, ou que le silence dérange. Donc, jamais un seul vrai moment pour lui parler.

Pouvoir prendre la parole

Dans d'autres familles, ce n'est pas l'envie de communiquer qui manque, mais prendre la parole s'apparente à livrer une bataille !

Dans la famille de Saphia, on se croirait en plein débat politique à l'heure des repas ! Tout le monde parle en même temps, quand il en a envie, sans faire attention à une phrase déjà commencée par un convive. Les deux sœurs de Saphia sont des bavardes qui ont toujours une plaisanterie à lancer, dès qu'il y a un – petit – temps de silence.

Saphia, elle, a besoin de temps pour exprimer une idée. Elle n'arrive pas bien à saisir au vol le regard de sa mère pour commencer à parler. De plus, cette maman énergique est rarement assise à table, elle n'arrête pas de bouger, de se lever. On reproche parfois à Saphia de ne jamais rien dire... Mais elle ne peut pas ! Sa réserve l'empêche de marcher sur les autres pour dire ce qu'elle veut. Elle n'a pas la même agressivité verbale que ses sœurs et elle a abandonné la partie.

L'enfant timide est rarement un enfant qui n'a pas envie de dire ce qu'il ressent. C'est plutôt qu'il n'en a pas toujours la possibilité.

Certains parents ont l'impression d'être à l'écoute mais, en réalité, ils ne sont pas attentifs, car pris dans une réflexion personnelle, ou fatigués. Une vraie écoute est une écoute active.

Un enfant entendu distraitement peut renoncer, plus ou moins vite, à s'exprimer. Dans sa tête, il traduit le manque d'attention de ses parents par le fait qu'il n'est pas suffisamment intéressant.

Peu habitué à parler en famille, il aura peine à le faire aussi à l'extérieur, et surtout en classe, où le jugement des autres, profs ou élèves, est si important.

Et puis en classe aussi, il peut être difficile de se faire entendre, donc d'être écouté. Quand une vingtaine d'élèves veulent répondre au même moment, comment le « timide » peut-il faire sa place ? Le temps, ou la patience, manquent au maître pour écouter un enfant timide. Comme il ne se fait pas remarquer et ne réclame pas la parole, il peut se retrouver noyé dans le tourbillon d'activité et d'agitation que représente une classe.

Comment se faire entendre

L'écoute à la maison peut représenter un entraînement pour la prise de parole en situation de groupe. Comme un vrai professionnel de l'entretien, le parent doit relancer la parole, poser des questions ouvertes qui évitent les réponses par oui ou par non, ne pas hésiter à faire un détour sur d'autres points pour revenir ensuite sur un sujet sensible. Ainsi habitué à être écouté attentivement et avec calme, l'enfant pourra vaincre peu à peu ses inhibitions et prendre de plus en plus souvent la parole à l'extérieur aussi.

Parler pour dire vraiment

Parler à un enfant victime de ses inhibitions est également bien utile. Mais il faut avoir quelque chose à dire : il ne s'agit pas de remplir du vide avec des mots pour faire du bruit !

Parler de manière authentique

La parole vraie est un élément de poids pour aider un enfant à sortir de sa coquille. Mais qu'entend-on au juste par là ?

Il s'agit de s'adresser à un enfant avec des mots adaptés à la situation, qui ne la dramatisent pas, mais qui ne la déguisent pas non plus pour éviter une réalité pesante. Ainsi, face à une manifestation de manque de confiance en soi, il peut être important de lui parler de ce qu'il vient de vivre.

Pour le spectacle de fin d'année, Karim, 8 ans, était paralysé de peur à l'idée de monter sur scène avec ses camarades de classe. Sa maîtresse a fini par le persuader : il a pu dire son texte, en tout cas les deux premiers sketches. Puis il a dû arrêter, car il était pris de tremblements et la maîtresse a craint qu'il ne fasse une crise de tétanie.

Après, ses parents lui ont dit qu'ils étaient fiers de lui, et ils ont parlé ensemble du début du spectacle et de la manière dont la panique avait quand même regagné du terrain. En fait, c'est un « mini-debriefing » qui a été proposé au garçon ! Cela permettra sans doute à Karim de mieux comprendre ses réactions face à la peur et d'envisager de meilleures stratégies pour avoir plus d'assurance la prochaine fois.

Formuler des compliments

Ce qui paraît évident reste pourtant souvent à rappeler. Il est capital de savoir faire des compliments à son enfant. Quand on trouve qu'il vient de réussir quelque chose de difficile, de réaliser un geste gentil ou de formuler une remarque originale, eh bien, il faut le lui dire ! Or bien des parents croient encore que félicitations et remarques élogieuses risquent de pourrir leur enfant, en en faisant un petit être imbu de lui-même.

Il est bien étonnant d'adhérer encore à cette idée à notre époque ! Depuis quelques années déjà, tous les manuels de management et de travail en équipe insistent sur la nécessité de valoriser les autres pour en obtenir le meilleur. Alors, ce qui vaut pour les adultes ne vaudrait pas pour les enfants ?

Plus que tout autre, l'enfant inhibé a besoin d'avoir un retour positif sur ses actes. Heureusement pour lui, on aura facilement tendance à le complimenter. Son attitude réservée ne fait pas craindre qu'il attrape vite la grosse tête !

Le problème est ailleurs. Il s'agit de trouver des occasions de formuler des compliments en tant que parents ou éducateurs. Il est parfois compliqué de féliciter cet enfant bloqué et plutôt en retrait pour tout, qui s'exprime peu... Avec le timide, il convient d'être muni d'une lunette grossissante, afin de magnifier le plus petit geste d'affirmation de soi et la moindre prise d'initiative. Tous les efforts, même minimes, pour s'extraire de la réserve habituelle méritent d'être soulignés.

Bien évidemment, il ne s'agit pas d'en faire des tonnes et d'exagérer les paroles par rapport à l'acte. Mais il est bon de remarquer ce que l'on n'aurait peut-être pas relevé pour un autre enfant.

Ce qui compte dans une famille, ou même dans une classe, c'est que l'enfant qui a du mal à s'affirmer reçoive autant de marques positives et de compliments que les autres, ceux qui, moins bloqués, ont plus d'occasions de se faire remarquer et complimenter.

Informer sur ce que l'on vit

Il n'est pas facile pour un père ou une mère de constater le manque d'assurance de son enfant et d'accepter ses réactions de timidité : cela insécurise les parents eux-mêmes, en leur donnant de plus souvent un sentiment de culpabilité. En effet, ils se sentent généralement responsables de l'inhibition de leur enfant. Ils peuvent réagir parfois de manière inadaptée.

Dans ce cas, il convient de rassurer son enfant par des paroles le concernant en lui expliquant ce que l'on ressent vis-à-vis de lui. Par exemple, lui dire que des réactions d'énervement contre lui sont en fait une manifestation d'inquiétude est une bonne attitude. Pourquoi ne pas lui expliquer aussi que, si on le pousse un peu trop énergiquement par moments, c'est parce que cela paraît la seule possibilité face à son retrait ?

Éisa s'en veut. Cette maman d'un petit Bastien de 6 ans vient de craquer. Devant le refus de son fils de se mêler aux autres enfants invités à une fête d'anniversaire, elle l'a pris par la main et l'a mis de force au milieu du groupe, malgré ses protestations et ses pleurs. Elle ne supportait plus de le voir prostré le long du mur, n'acceptant que timidement un bonbon, alors que tous les autres enfants semblaient à l'aise et à la joie de faire la fête. L'attitude de son fils représentait pour elle une mise en cause personnelle, et, en plus, elle souffrait pour lui.

Après ce « passage à l'acte », qui a entraîné encore plus de malaise chez Bastien, Éisa a quitté la fête avec lui. Mais, pendant le retour, elle lui a expliqué ce qui provoquait ce genre de réaction chez elle. Bastien a pu dire qu'il préférait pour le moment inviter des copains chez lui. Et puis, il a rassuré sa mère sur le fait qu'il aimait jouer avec les autres enfants, mais que la situation de fête d'anniversaire ne lui plaisait pas, car il y avait trop de bruit et d'agitation.

Souvent, la parole du parent sur ce qui se passe face à la timidité déclenche une réponse de l'enfant. Alors, un dialogue peut se mettre en place autour des comportements des uns et des autres dans ces moments d'inhibition. Cela permet aussi de détendre les parents. Car ils voient parfois plus de problèmes qu'il n'y en a vraiment dans certains retraits ou refus de leur enfant.

Il est très bien de se parler lorsqu'il y a eu un moment de crise, mais il ne faut pas se limiter à cela. Au quotidien aussi, cela peut faire du bien à l'enfant d'entendre certaines choses : « Je n'aime pas trop que tu restes tout le temps dans ta chambre et que tu ne sembles pas avoir d'amis », « J'ai peur que cela touche ton moral de ne pas avoir d'activités le week-end, que cela ne cache une tristesse »...

L'enfant peut être soulagé que des hypothèses soient formulées sur ce qu'il vit éventuellement. Par ailleurs, cela peut aussi permettre, comme dans les situations de crise, d'ouvrir le débat avec lui sur son attitude d'inhibition.

Parler de soi : celui que l'on était avant

Beaucoup d'enfants déjà un peu grands, vers 8 ou 9 ans, apprennent souvent avec stupeur comment leurs parents se comportaient quand eux-mêmes étaient enfants : qu'ils avaient tel caractère, telle ou telle qualité, des défauts...

qu'ils n'étaient pas très éloignés d'eux ou, au contraire, radicalement différents !

Il est frappant de voir combien de parents oublient leur enfance et semblent avoir coupé les ponts avec leur enfant intérieur ! Plus surprenante encore, la difficulté qu'ils ont parfois à évoquer des attitudes de leur propre enfance devant leurs enfants. Surtout en ce qui concerne leurs peurs, leurs ratages, leurs difficultés... S'agirait-il là aussi d'une forme d'inhibition ?

> Vittorio, 4 ans, a appris, au cours d'un entretien avec la psychologue scolaire, que son papa, un solide gardien de la paix, avait peur « de tout » quand il était petit. Vittorio, lui, est souvent en retrait et il déteste les expériences nouvelles ou les activités exploratoires. Son papa a aussi expliqué que ses propres parents ne supportaient pas qu'il ait peur. Enfant, il devait cacher ses angoisses, n'ayant jamais pu trouver un soutien dans sa famille. Ces épisodes de vie étaient camouflés au fond de sa mémoire : est-ce pour cela que le manque d'audace de son enfant le mettait si mal à l'aise ? En tout cas, le fait de savoir que son papa, qui offrait maintenant une image si forte, avait été un petit enfant angoissé a rassuré Vittorio. Cela lui a donné des ailes. « Si papa a vaincu ses peurs et sa timidité, je peux le faire ! »

Il ne faut pas avoir honte de l'enfant que l'on a été. Et surtout ne pas craindre que révéler sa propre timidité renforce celle de son enfant. Cette crainte n'a aucun fondement. En revanche, une timidité maladive personnelle ou de grandes angoisses enfantines peuvent se répercuter sur la vie psychique de l'enfant si les parents la taisent. Exactement comme un secret de famille.

Donc, parlons, et donnons des éléments à nos enfants pour comprendre, à la lumière de notre vécu, comment et pourquoi il a choisi ce mode de non-affirmation.

Parler de celui que l'on est maintenant

Parler de l'enfant que l'on était est tout à fait primordial, que l'on ait ou pas souffert de timidité. Mais lui parler de l'adulte, plus ou moins affirmé, que l'on est aujourd'hui compte également beaucoup.

C'est bien connu, les enfants adorent qu'on leur parle de nous, qu'il s'agisse de notre enfance ou de ce qui nous arrive maintenant, dans notre vie de tous les jours. Il n'est pas inutile de faire des parallèles entre ce qui survient, par exemple dans leur vie scolaire, et ce que nous traversons dans notre vie professionnelle. De fait, devant un enfant mal à l'aise avec sa maîtresse, on peut tout à fait raconter que nous aussi, face à notre directeur, on n'en mène pas large. Et pourquoi ne pas échanger des idées sur la manière d'affronter un supérieur qui nous fait peur ?

L'enfant a besoin de comprendre que ce qu'il vit ne lui est pas uniquement réservé. Même des adultes qu'il pense forts peuvent connaître des moments de doute et manquer d'assurance. Dès l'instant où nos expériences lui sont présentées sans dramatisation ni sentiment de panique, elles ont l'avantage de démystifier ses attitudes de timidité. En outre, cela lui permet de voir comment on y fait face. Et de reprendre courage personnellement.

Il ne faut pas craindre de se montrer sous un jour plus faible. Ne jamais parler de ses moments de fragilité, de ses gaffes et de ses peurs serait absurde. Cela pourrait, dans l'esprit de l'enfant en manque d'affirmation, transformer les parents en supermen très écrasants. D'ailleurs, on remarque que nombre de timides reprennent confiance en eux quand leurs parents acceptent de partager avec eux leurs expériences. En particulier quand elles sont de même nature que celles qui les intimident.

Certains diront : « Oui, mais si l'on n'est pas timide du tout ? » Jamais, dans aucun cas ? Quand on cherche bien, il y a toujours des situations qui nous mettent mal à l'aise, des pointes de timidité qui nous tombent dessus sans qu'on l'ait prévu...

Il est possible bien sûr, et même recommandé, de raconter également ses réussites, les moments où l'on a surmonté ses peurs. D'abord parce que l'enfant adore voir ses parents triompher de l'adversité, et puis aussi parce que ces modèles-là sont encourageants. Mais attention, comme on l'a dit, de ne pas se présenter tout le temps comme indestructible et victorieux. Les succès et moments d'aisance relationnelle doivent alterner avec des aveux de faiblesse relative dans certaines situations.

L'assurance et l'audace peuvent, dans une certaine mesure, être apprises des parents ! Cependant, pour éprouver cette solidité chez son parent, l'enfant doit y croire. C'est pourquoi relater ses expériences, fournir des anecdotes sur ce qui nous a déstabilisés est important. Cela donne un côté authentique à nos paroles. Ainsi, quand on dira à un enfant que, lui aussi, il peut dominer son appréhension, il nous accordera d'autant plus sa confiance qu'on ne lui aura pas menti sur nos forces ni sur nos faiblesses.

Analyser et agir

□ Reconnaître ses émotions

Coaching à la maison

Il faut s'autoriser à être un peu le « coach » de son enfant face aux problèmes d'affirmation de soi. Chercher à comprendre le problème avec lui est tout à fait fondamental. On peut, par exemple, lui apprendre à reconnaître ses émotions, à les différencier, ce qui lui permettra ensuite de mieux y faire face : la peur de l'inconnu, le sentiment d'infériorité, l'impression d'incapacité, la souffrance sous le regard des autres, le sentiment de rejet, la panique... Dans certains cas, il y a des réponses concrètes à donner. Dans d'autres situations, il faudra apprendre à son enfant à anticiper ce qui l'impressionne ou à diminuer son stress intérieur.

Adam, 8 ans, ne veut plus aller en récréation à cause d'un groupe de camarades de classe qui l'asticotent et l'insultent. Comme il est impossible de ne pas aller dans la cour au moment de la pause, il a tout simplement décidé qu'il n'irait plus à l'école du tout ! Il a fallu pas mal de patience à ses parents pour qu'Adam raconte ce qui se passait et qu'il arrive à comprendre que cette pression des autres l'inhibait totalement. Il ne voulait pas reconnaître sa peur, l'accepter. Mais, à partir du moment où elle a été formulée, ses parents ont pu lui suggérer des solutions pratiques au problème. En particulier pour se protéger et limiter les comportements agressifs des autres enfants en en référant à la directrice de l'école.

Julie, elle, connaît des manifestations d'angoisse corporelle dès que le professeur l'interroge. Il a fallu, là aussi, analyser finement le problème. Julie disait : « Je ne veux pas qu'on me demande de répondre en classe car je ne sais pas mes leçons, je suis nulle. » En réalité, elle dissimulait son appréhension du regard des autres derrière un faux sentiment d'incapacité. En parlant avec ses parents, elle a admis qu'elle savait très bien que ses connaissances étaient suffisantes pour répondre en classe. Avec un psychothérapeute, elle a travaillé la visualisation des différents scénarios qu'elle redoutait lorsque le professeur l'interrogeait. Ainsi, elle a pu par la suite adapter son comportement à toutes les situations, même les plus extrêmes.

Accepter ses émotions et les apprivoiser

Gérer ses émotions est un bien grand mot, surtout quand on est enfant et qu'on baigne, de fait, dans un flot émotionnel ! Mais il est possible d'apprendre à les contrôler un peu, à ne pas se laisser envahir par la panique et en tout cas à éviter de se sentir totalement impuissant si des émotions négatives apparaissent.

Les peurs sont parfois utiles, parfois gênantes... Il faut savoir les différencier.

Cela sert-il à quelque chose d'avoir peur si on est seul dans la rue face à un groupe d'enfants plus âgés et menaçants ? Oui, bien sûr, car cela entraîne un comportement adapté, fuite ou préparation à l'affrontement !

Mais est-il utile d'être pétrifié de peur quand le directeur de l'école entre dans la classe pour parler du règlement intérieur ? Évidemment non, cela ne prépare en aucun cas à bien réagir et risque même d'entraîner des malentendus. Car devant enfant si mal à l'aise, le directeur va peut-être penser qu'il a commis une faute !

S'ils ne sont pas adaptés, les sentiments négatifs gagnent à être balayés. Par ailleurs, dans les manifestations de timidité, il se produit parfois un blocage émotionnel complet. L'enfant est entravé dans sa communication car il ne veut surtout pas que l'on se rende compte de ce qui se passe en lui. Ses émotions se figent alors, afin de contrôler ce qui pourrait échapper : l'impulsivité, l'agressivité et même la spontanéité.

Il est bien utile d'expliquer à un enfant que ses émotions ne sont pas ses ennemies, qu'il n'est pas leur victime. Plus il les laissera s'exprimer, plus il se familiarisera avec elles. Ainsi, la prochaine fois qu'il sera interrogé en classe, si son cœur bat plus vite et que sa tête s'échauffe, il saura que ces manifestations ne sont pas incontrôlables et qu'il peut agir en leur compagnie.

D'une manière générale, on peut dire à son enfant qu'il est plutôt bon de montrer ses émotions : cela rend plus humain ! Être naturel, accepter ses variations émotionnelles, cela permet aussi de mieux communiquer et de se libérer des tensions intérieures.

□ Aider son enfant à poser des repères

Pour avoir de l'assurance, mieux vaut savoir où l'on va. Et pour cela, des points de repère sont indispensables, dès le plus jeune âge. La question des jalons est permanente, même si évidemment ceux-ci changent selon les âges ! Cela étant, cadrer un enfant de 2 ans et un adolescent, c'est beaucoup plus similaire qu'on ne l'imagine !

Unité de temps, unité de lieu, unité de soi

Le repérage dans le temps est fondamental dans la petite enfance. Savoir quand va avoir lieu tel événement est rassurant : « Le matin, maman part, et le soir elle revient », « C'est papi qui vient me chercher chez la nourrice à cinq heures ».

Verbaliser les séparations, mais aussi les moments où l'on se retrouve permet de dominer l'angoisse du côté de l'enfant. Sans les mots, l'absence est dure à vivre, et l'inhibition vient parfois prendre le pas chez un enfant. Il est alors incapable d'être dans autre chose que dans le vide de la séparation.

C'était le cas de Bianca, petite fille de 23 mois, dont le personnel de crèche disait qu'elle était timide et qu'elle avait peur des autres. Bianca paraissait complètement perdue, elle ne savait pas qui venait la chercher le soir car cela changeait tout le temps et les parents ne prévenaient pas forcément la crèche. De plus, ses horaires d'arrivée et de départ étaient variables. Impossible, là encore, de se repérer : partirait-elle avant le goûter ? en même temps que Carl ? après Carolina ?
Les séparations étaient pénibles. Quand la mère de Bianca passait déposer sa fille, elle supportait mal de la quitter et s'en allait le plus vite possible sans prendre le temps de dire comment allaient s'organiser les retrouvailles. Bianca, voyant sa mère fuir sans paro-

les rassurantes, pouvait tout à fait s'inquiéter sur la réalité de son retour et ressentir un sentiment d'abandon.

Bianca ne redoutait pas particulièrement les autres enfants, mais elle n'avait pas la base de sécurité intérieure nécessaire pour aller vers eux. Ce manque était lié à l'absence de repères que ne lui fournissait pas sa mère. À présent, après avoir réfléchi à cette question, celle-ci parle davantage à sa fille et s'efforce de prévoir qui viendra la chercher. Elle s'est arrangée aussi pour que ses horaires soient plus réguliers. La situation s'améliore : Bianca montre davantage d'activité exploratrice et d'élans relationnels.

Les repères doivent s'adapter à l'enfant, devenant au gré de son évolution une « assurance-sécurité ». Par exemple, les notions de bien et de mal s'affinent. Quel que soit l'âge, cependant, des limites restent indispensables pour lui donner un cadre. Mais, bien entendu, il n'est pas question non plus d'infliger à son enfant des limites rigides à l'extrême qui l'empêcheraient de bouger et d'expérimenter, car là aussi l'affirmation de soi serait bloquée.

Des interdits au niveau de l'intime

Plus tard, vers 6 ans, les parents doivent poser plus clairement des limites concernant leur intimité et le respect du corps des uns et de l'autre. Au-delà de l'aspect limitatif, cela va également contribuer à rassurer l'enfant. Par exemple, il est un peu grand pour prendre son bain avec son papa, et dormir dans le lit parental est de plus en plus dommageable pour lui...

Détaché d'un lien trop fusionnel, il sera capable de se tourner vers les autres et vers différents domaines d'apprentissage. Il doit être clair pour lui que « désirer ailleurs » est une bonne chose. Car il est difficile de s'affirmer comme un être indépendant si on reste englué dans ses sentiments œdipiens, encouragés par des infractions tolérées dans le domaine de l'intimité des parents !

Des repères adaptés

Plus tard, au moment de l'adolescence, les repères changent encore, et parfois assez brusquement. Une fois de plus, le dosage est capital !

Trop de liberté tue la liberté... L'adolescent peut être effrayé d'être trop libre et s'inhiber pour se protéger. Inversement, pas assez d'autonomie ou de responsabilités, et l'adolescent se replie dans sa coquille, s'il n'a pas l'énergie pour protester.

Il est très fréquent qu'en toute bonne foi les parents ne voient pas grandir leurs enfants. Ils continuent donc à leur proposer des repères qui ne sont plus de leur âge. Autant donner des rames à un paquebot pour avancer... À l'adolescence, trop de repères d'enfance freinent le développement de la personnalité. Les anciennes références doivent être assorties de jalons plus matures, montrant que les parents font confiance à leur « grand ». C'est ainsi qu'il développera son affirmation de lui, en s'appuyant sur ces nouveaux modèles proposés par des parents qui le croient capable d'avancer.

□ Parent subtil et discret

Suggestion et pas obligation

Petit rappel aux parents : cette règle de conduite vaut pour tous les âges et à tout moment ! Il convient de ne pas brusquer l'enfant peu affirmé. C'est une véritable effraction pour lui et cela aboutit quasi inévitablement à une position de retrait encore plus marquée.

La bonne manière, c'est de procéder par touches, par suggestions, jamais avec violence et forcing. Tirer un enfant pour le pousser au milieu de la scène, rouge et suffocant de peur, ne lui fera que très rarement apprécier le théâtre ! Cette expérience de confrontation avec un public risque de rester traumatisante pour longtemps !

Faire des hypothèses

Lorsque l'on pressent un malaise chez un enfant timide, mieux vaut ne pas être trop affirmatif. Sinon, il aura l'impression d'être percé à jour et dominé. Sa liberté de penser différemment étant mise à mal, il risque ensuite de se fermer encore plus, quitte même à nier des évidences.

Si on lui dit : « Je sais que tu ne veux pas prendre l'autobus seul parce que tu as peur qu'il t'arrive un problème avec les autres voyageurs », on peut se voir répondre : « Non, c'est que je préfère marcher, ça me fait du bien... » Ce n'est pas forcément faux, mais cela élude la question de la timidité relationnelle. Celle-ci est évacuée et dissimulée par d'autres éléments qui n'ont rien à voir.

Aussi, formuler des hypothèses sur la situation concernée permet à chacun de sauver la face. De cette façon, une brèche est ouverte, dans laquelle l'enfant peut entrer. Les parents ont ainsi la possibilité de dire qu'il s'est trompé d'idée, s'il apparaît trop difficile d'aborder le problème.

Cela donnerait pour la situation précédente : « Est-ce que tu te sens obligé de rentrer du collège à pied parce que tu es mal à l'aise en prenant le bus ? », ou : « Je me demande si tu n'aurais pas un peu peur de prendre le bus, avec tous ces inconnus ? » On le voit bien, ce genre de paroles est plus léger, ouvre la discussion, mène à la confidence. L'enfant timide n'est pas poussé dans ses retranchements, il peut aborder ce qui l'inquiète.

□ Expérimenter avec lui

Depuis la place de parents, il existe de nombreux moyens d'action pour aider son enfant à s'affirmer. Parmi eux, une voie intéressante consiste à se mobiliser avec lui. Ensemble, on repère mieux les points particulièrement critiques pour examiner ensuite la manière d'y faire face.

Un soutien familial efficace

Eh oui, les faits le prouvent, un bon accompagnement familial est souvent un point de départ capital dans les questions de timidité. Bien sûr, il ne s'agit pas de rendre la présence d'un membre de la famille indispensable dans tous les actes de l'enfant ! Mais, depuis son plus jeune âge, l'enfant est souvent demandeur de cette présence et il est très sensible au « faire avec ». Ainsi, les premières découvertes se font dans les bras des parents : les premiers pas, main dans la main ; les premières sorties en ville ; les premiers bains ; le vélo... Tout cela est encadré et encouragé par les parents.

Bien sûr, peu à peu, l'enfant apprend à « faire seul ». Mais cela d'autant mieux qu'il se sent complètement en confiance. Pour certains, moins audacieux que d'autres, du temps est parfois nécessaire. Pour que l'enfant s'affirme en toute tranquillité, il faut être patient et accepter de l'accompagner à son rythme. Faute de quoi, l'enfant n'acquerra pas une véritable confiance en lui. Certes, il saura marcher ou nager, mais restera peu à l'aise dans ces pratiques. Souvent, il se montrera hésitant, peu enclin à augmenter son activité exploratoire.

Alma, 3 ans, n'a marché seule qu'à 22 mois. Depuis l'âge de 15 mois, pourtant, elle avait apparemment acquis le principe de

la marche, mais elle refusait d'être lâchée. Tenue par les mains des deux côtés, elle faisait aisément des pas. Mais seule, impossible !
Il a fallu à ses parents beaucoup de patience et de confiance en leur petite fille pour ne pas craquer ! Mais, du jour où elle s'est lancée seule, Alma a très bien manœuvré : course, sauts, demi-tours, sans tomber... Il lui avait fallu ce temps d'accompagnement pour avoir confiance en ses possibilités.

Nécessité du progressif

Il arrive que l'enfant perde confiance en lui car, soudain, ses parents ont décidé qu'il était assez grand pour « faire tout seul ». Ce genre d'idées et leur mise en pratique peuvent se révéler catastrophiques pour l'affirmation de l'enfant.

« Il est assez grand pour se passer de totote », a décrété la mère de Julien, lorsque son fils a eu 2 ans et est arrivé en section de « grands » à la crèche. Les puéricultrices en doutaient un peu. Résultat des courses, Julien s'est replié sur lui, pleure pour un rien, se vexe et refuse certaines activités qu'il aimait bien faire auparavant...
Louise est en CM1 et ses parents ont décidé de ne plus faire appel à une nourrice pour aller la chercher à l'école. Ils pensent lui faire plaisir en lui donnant sa clé et en lui laissant la responsabilité de rentrer seule. Louise est peu enthousiaste. Le troisième jour de sa nouvelle liberté, sa clé ne fonctionne pas, elle panique et se met à pleurer. Elle doit attendre un long moment devant son immeuble avant qu'une voisine lui vienne en aide. À partir du lendemain, elle ne veut plus rentrer seule de l'école et il faut trouver une solution plus sécurisante pour elle.

Dans ces deux cas, ont manqué une concertation avec l'enfant et une expérimentation progressive. Même si l'on pense faire plaisir à un enfant en le traitant comme un « grand », cela peut ne pas lui convenir. Souvent, précipiter les expériences fait prendre le risque d'un retrait, surtout si elles ne sont pas préparées en accompagnant l'enfant un certain temps.

Mieux vaut donc aménager une expérience nouvelle, comme une autre école, la vie dans un quartier différent, le démarrage d'un sport. Un enfant timide bénéficiera par exemple toujours de la reconnaissance des lieux avec ses parents ou des amis. On peut, pourquoi pas, faire ensemble un trajet nouveau, puis peu à peu laisser l'enfant parcourir la même distance en le suivant – avec son accord – un peu à l'écart. Ainsi, il prendra confiance à chaque étape. Il faut à tout prix éviter les mauvais départs qui sont souvent très inhibants pour la suite.

S'entraîner pour se rassurer

Parfois, la zone d'ombre concerne plutôt les échanges avec des proches. Il arrive qu'un enfant ait beaucoup de mal à garder des copains ou soit paralysé devant un de ses professeurs habituels. Pourquoi ne pas lui proposer alors à la maison une « répétition » ? Il suffit souvent de ces petites mises en scène pour que la situation angoissante soit dédramatisée. L'enfant peut ensuite l'aborder avec plus d'assurance dans la réalité.

Si le manque d'affirmation de soi concerne plus généralement tout contact avec autrui, là encore on peut mettre en place des « entraînements » avec l'enfant en lui proposant des expériences voisines mais moins exposées. L'enfant se familiarisera avec une situation semblable mais beaucoup moins impressionnante car connue.

Dans ces expériences, la graduation est très importante. Ainsi, le point de départ sera toujours une situation que l'enfant évalue comme ayant un niveau de stress très faible ou nul. Puis on augmentera la difficulté jusqu'à ce qu'il soit capable de se confronter à ce qui lui fait peur. Peu à peu, il deviendra capable de s'affirmer dans des circonstances qu'il n'aurait pas pu gérer sans cet apprentissage.

On peut proposer à son enfant de petites mises en situation pour qu'il s'habitue à entrer en relation avec les autres. Il peut, par exemple, aller chercher le journal seul, frapper chez le voisin pour demander un peu de sel en dépannage, s'enquérir du prix d'un objet dans un magasin, se renseigner sur son chemin dans la rue...

En vacances, encouragez-le à poser une question par jour à un enfant rencontré sur la plage, à la piscine, au club de loisirs. Ces petits défis sont à présenter comme des jeux à l'enfant qui sera content d'enregistrer ses « scores » et qui va peu à peu, avec cette aide, se dégeler dans ses rapports avec les autres. S'il bloque sur un échange, il ne faut pas hésiter à revenir un peu en arrière, à changer de terrain, ou encore à passer des relations aux adultes à des échanges entre enfants.

Anticiper positivement

Les représentations mentales anxieuses sont à la base de nombreuses difficultés à s'affirmer. Les enfants, qui ont beaucoup d'imagination, s'en servent parfois sans le vouloir pour accentuer leurs peurs dans des situations où ils ne sont déjà pas franchement à l'aise. Dans ces cas, il est possible de sensibiliser un enfant à sa tendance à la catastrophe. Ensuite, on peut l'amener à limiter puis à inverser le processus, en pensant plus « positif ».

Dans la tête de Jean, 10 ans, c'est tout un scénario qui se déroule lorsqu'il est en classe. Il a envie de demander des explications au maître car il ne comprend pas. Mais il se dit que, si sa question est bête, les autres vont rigoler, et le professeur va penser qu'il est nul. Donc, celui-ci ne s'intéressera plus à lui et décidera de le faire redoubler, tellement il est mauvais. De plus, Jean n'aura plus de copains, ils se détourneront de lui, sauf pour se moquer.

Bien sûr, pour les timides anxieux, les scénarios catastrophes se terminent tous par une sorte de fin du monde affective et sociale... Avec de telles anticipations, on comprend pourquoi ils préfèrent rester à l'abri sans se manifester ! Or ces scénarios peuvent être démontés, et on peut leur démontrer par l'exemple qu'ils ne se produisent jamais. D'autre part, on peut affaiblir ces déroulements programmés en s'appuyant sur les expériences positives qu'a vécues l'enfant : lui rappeler, par exemple, la fois où il a posé une question qui a été accueillie avec enthousiasme par le maître, ou un autre moment où ses camarades de classe ont apprécié une de ses remarques...

Si une mauvaise expérience, moins dramatique toutefois que celle envisagée, a tout de même été vécue, on ne doit pas pour autant l'éluder. La considérer à sa juste valeur peut la dédramatiser. Tout d'abord, en l'analysant avec l'enfant, puis en vérifiant avec lui qu'elle a peu de chances de se reproduire, que le « drame » n'est arrivé qu'une fois. Certes, il faudra une grande force de persuasion car le mauvais vécu s'ancre beaucoup plus facilement que le bon dans l'esprit d'un enfant peu affirmé. C'est ainsi que l'expérience positive est vite considérée comme un simple coup de chance par celui qui n'a pas confiance.

□ S'amuser ensemble

Aider un enfant à apprivoiser ses peurs et à devenir plus audacieux est certes prenant pour les parents, mais pas forcément triste ! Par exemple, se détendre et s'amuser ensemble, cela permet aussi de prendre de l'assurance. En effet, si un enfant ne peut prendre des libertés de jeux avec ses proches, avec qui sera-t-il à l'aise ?

Il a besoin de se sentir libre d'aborder ses parents avec spontanéité, voire légèreté, et de se laisser aller en leur compagnie. D'ailleurs, il est facile de constater que l'affirmation de soi s'installe par cercles concentriques, partant du plus intime de l'enfant pour aller vers l'extérieur inconnu. Alors, sentir des parents accessibles, capables de rire avec lui, qui ne sont pas tout le temps dans un carcan d'adultes trop sévères ou distants, cela favorise nettement l'aisance de l'enfant avec les autres. Car, très vite, il va en déduire : « Si je peux m'amuser avec mes parents, je dois pouvoir le faire aussi avec d'autres. » La notion de plaisir dans l'échange est capitale, c'est elle qui donnera envie à l'enfant de dépasser ses appréhensions et de chercher à reproduire la relation avec d'autres personnes. De plus, être dans la joie et l'amusement procure une détente qui lève les inhibitions.

□ Être stimulant

Face à un enfant inhibé, il convient d'être plutôt stimulant. Ainsi, pour l'aider à sortir de sa coquille, des actions de fond renforceront des interventions en surface.

Se méfier de la surprotection

Si l'enfant est très surveillé, entouré d'un excès de précautions, si ses parents ont tout le temps peur qu'il arrive quelque chose, il va forcément se représenter le monde extérieur comme impressionnant. N'oublions pas que, surtout si l'enfant est jeune, il voit le monde à travers les yeux des adultes proches de lui. De ce fait, ses impressions, ses opinions et ses peurs découlent souvent directement de celles de ses parents.

Si on est un adulte peu confiant, attention à ne pas transmettre ses peurs, inconsciemment, par le biais d'une attitude et de paroles exagérément protectrices, qui font craindre le pire ! Prudence aussi dans les mots, qui constituent vite des messages internes qui s'ancrent solidement. Ainsi se créent bien des inhibitions : « Si tu fais comme ça, tu vas tomber ! Attention ! tu vas te faire mal ! Ne va pas là, c'est dangereux ! La rue est pleine de voleurs. Ne parle à personne, ne réponds à personne... »

Certes, ce genre de phrases peuvent avoir une utilité ponctuelle. Mais, martelées à l'excès par des parents particulièrement inquiets, elles projettent l'enfant dans une ambiance fort peu sécurisante.

Ne pas faire les choses à sa place

La surprotection consiste aussi à tout faire pour son enfant et à sa place. N'expérimentant que rarement par lui-même, il se trouve généralement démuni lorsqu'il doit se débrouiller seul, en dehors de la maison par exemple. Bien logiquement, il se sent un peu perdu et cherche à se faire oublier ou à éviter d'agir. Il ne se trouve pas capable, n'a pas confiance, il se met dans une position de retrait et entre dans le camp des timides.

Il est très important de laisser un enfant faire par lui-même et découvrir de manière autonome. Cela est particulièrement vrai dans le domaine relationnel. Si sa mère prend tout le temps la parole pour lui ou répond à sa place, un enfant n'apprend pas à se positionner face à un interlocuteur dans un groupe. Il n'a pas d'expérience personnelle de la relation à l'autre à l'extérieur de sa famille.

Ne pas surprotéger son enfant, c'est accepter aussi qu'il fasse sans nous et qu'il prenne la place qui lui convient en société.

Favoriser le développement de son autonomie

Un enfant qui n'agit pas un minimum par lui-même aura du mal à faire tout seul. Et, bien sûr, l'affirmation de soi passe aussi par ce savoir-faire. Car un enfant qui ne sait pas se débrouiller seul se sent facilement emprunté et craint de rater. Il n'ose pas se montrer devant les autres.

Pour avoir confiance en soi, la réalisation pratique est très importante. C'est par les réussites concrètes que la confiance en soi s'installe, dès le plus jeune âge. La maîtrise du corps, l'habileté motrice, les constructions sont autant de moments clés pour se sentir fort et avoir envie d'aller plus loin. D'ailleurs, vers 3 ans, l'enfant envoie des messages clairs à ses parents. « Je veux faire tout seul ! » clame-t-il ! Il revient aux parents d'accepter ses tentatives et de valoriser ses progrès en matière d'autonomie.

La capacité à faire des choix est un élément important de la responsabilisation. Or on a vu que savoir choisir est une difficulté fréquente chez l'enfant qui peine à s'affirmer. Quand on ne requiert pas suffisamment l'avis d'un enfant, qu'on ne lui laisse pas l'opportunité de décider, il adopte volontiers une position de dépendance. Très vite, il abandonne l'idée qu'il peut avoir des envies de réalisation personnelle. Au début, c'est confortable pour lui d'être pris en charge, mais, peu à peu, il va se trouver confronté à des prises de décision... Et là, panique et repli : « Puisque je ne sais pas faire, mieux vaut que je ne fasse rien ! » Ainsi, un enfant peu affirmé se réfugie souvent dans la passivité, non par choix, mais par anxiété devant l'action. Et cela prend ses racines très tôt, dans la relation parents-enfant.

Lui confier des responsabilités adaptées

Il ne s'agit pas de laisser à l'enfant une autonomie bien trop grande pour lui, qui lui ferait peur ou le mettrait en danger, et provoquerait aussi un retrait. Pour éviter cela, il est important de se référer à son enfant, à ce que l'on connaît de lui, pour lui confier des responsabilités.

Inutile de s'obliger à faire comme le voisin, et de laisser son enfant aller seul à l'école à 8 ans parce que ce serait l'âge préconisé pour le faire ! Si vous ne le sentez pas à même de franchir cette étape, renoncez !

En matière d'autonomie, il faut être vigilant, car tout change tout le temps. Il est nécessaire de revoir ses positions régulièrement, et souvent ! En effet, à certains âges, un enfant peut beaucoup évoluer en l'espace d'un mois : ce qu'il n'était pas à même de faire il y a quelques semaines devient possible et même souhaitable. D'un seul coup, il est capable de manger seul, de se lancer à vélo sans roulettes, de rester seul quelque temps à la maison, de faire quelques courses dans le quartier, de ranger son bureau, de prendre des messages au téléphone, etc.

Bien sûr, il peut y avoir des ratés, et ici aussi les parents ont un rôle à jouer : un accroc ne doit pas devenir un échec invalidant pour la confiance en soi. L'enfant s'est lancé, a eu envie de réaliser une nouvelle action, s'en est senti capable, mais cela n'a pas marché ? Bien évidemment, il faut se retenir de prononcer des mots décourageants : « Je te l'avais bien dit que tu étais trop petit ! », ou : « C'était sûr que tu n'y arriverais pas tout seul ! » Même si c'est vrai.

En revanche, il est intéressant d'étudier avec lui ce qui n'a pas fonctionné. C'est une façon de le faire réfléchir à ce qui s'est passé et de l'amener à prendre en charge une partie du problème. De cette manière, il participe, trouve lui-même des solutions, décide de la démarche ultérieure à tenir. Il aura ainsi davantage envie de tenter à nouveau l'expérience dans de meilleures conditions.

Encourager l'activité

Pour s'affirmer, un enfant a besoin d'essayer, et il est bon de favoriser ses tentatives. Mais pour cela, pensons à le faire sortir ! Certaines timidités sont très nettement reliées à une faible connaissance du monde environnant.

Si un bébé ou un jeune enfant reste presque en permanence chez lui, il aura peu de repères à l'extérieur et pourra être considérablement déstabilisé par la suite. Emmener ses petits enfants en halte-garderie ou les inscrire à l'école maternelle est vivement recommandé pour amorcer leur socialisation et développer leur autonomie. Mais aussi pour leur faire voir autre chose que la maison. Nouveaux lieux, personnes différentes, autre fonctionnement... Tout est occasion pour eux de développer leur capacité d'adaptation, et donc de pouvoir s'affirmer dans de nouveaux univers.

Même chose au niveau des « activités » à proposer à l'enfant plus grand. Actuellement, beaucoup de psychologues déconseillent de surcharger le temps de loisirs des enfants. Mais, là encore, tout est question de dosage : des activités variées, adaptées à leur âge et à leurs désirs sont bonnes pour leur affirmation personnelle. Il n'est pas nécessaire que ces temps de loisirs soient structurés et effectués dans un cadre régulier ou un club. On peut prendre plaisir à la découverte d'un bois un dimanche, s'amuser à modeler des objets ou encore s'initier au football sans pour autant faire partie d'un club.

Être actif est important pour un enfant. Sans aller jusqu'à l'hyperactivité qui l'épuise, les jeux, découvertes, sports et autres moments de loisirs lui permettent d'expérimenter, de développer son habileté, de se découvrir de nouveaux talents dont il pourra être fier. De plus, ses réussites pourront rejaillir sur d'autres domaines moins investis qui profiteront de cet apport de confiance.

Il n'est pas nécessaire de faire beaucoup. Ce sont souvent les petites victoires sur soi qui servent d'avancées dans le monde. Toute réussite, même mineure, est utile dans la construction personnelle.

Proposer des objectifs réalistes

Il est important que l'enfant ait des projets mais aussi qu'il se sente à même de les atteindre dans un délai acceptable. Les objectifs à long terme sont peu motivants pour sortir de sa coquille.

Les parents sont potentiellement de bons guides, à condition qu'ils sachent faire progresser l'enfant étape par étape.

Léonie est très repliée sur elle-même. Elle n'arrive pas à regarder dans les yeux les personnes qu'elle ne connaît pas et cela, maintenant qu'elle a 8 ans, devient un vrai problème relationnel. En classe, elle a mis deux mois avant d'oser répondre aux questions que lui posait la nouvelle maîtresse.

Ses parents voudraient qu'elle soit vive et extravertie, qu'elle participe à toutes sortes d'activités de loisirs, mais la petite fille les refuse toutes. Elle est bien loin du modèle d'enfant dont ils rêvaient... Après échange avec un psychologue, ils ont accepté de revoir à la baisse leur image d'une enfant dominante et audacieuse. Le père comme la mère étaient des enfants timides. En réalité, c'est donc surtout par déplacement sur Léonie qu'ils souhaitaient qu'elle soit autre. Ils attendaient qu'elle répare leurs inhibitions passées par une attitude volontaire.

Avec l'aide du thérapeute, ils ont proposé, comme un jeu, des « défis » à leur fille : poser une question par jour en classe, demander l'heure à quelqu'un dans la rue, répondre au téléphone. Pour les vacances, ils lui ont proposé d'aller deux heures par jour au club des enfants.

On le voit bien ici, le réalisme doit être de deux côtés : dans l'attitude des parents d'une part, et dans les objectifs proposés d'autre part.

Un enfant naît et évolue avec un tempérament et une histoire. Il n'est pas là pour occuper la place que les parents n'ont pas su prendre ou pour les rassurer sur leur mode d'éducation. N'importe quel enfant a le droit d'avoir des appréhensions, des replis, des doutes. Être réaliste veut dire faire avec ce qu'il est, sans chercher à le transformer radicalement pour le rendre conforme à ce que l'on veut. Difficile de faire d'un enfant qui rougit dès qu'on le regarde un délégué de classe et un meneur en quelques mois. En revanche, on peut l'amener à être un peu plus sociable en lui proposant d'inviter des amis chez lui. Connaissant mieux ses copains de classe, il sera ensuite moins gêné pour prendre la parole dans le groupe.

Inutile de mettre un enfant en colonie de vacances s'il a un mal fou à s'affirmer en collectivité et qu'il est paniqué à l'idée de la séparation. Ce n'est pas contraint et forcé, dans l'angoisse, qu'il va s'affirmer et s'épanouir ! Mieux vaut définir avec lui quelle serait l'expérience de groupe qu'il se sentirait capable de tenter et sur quelle durée. Ce sera peut-être une journée à l'école du cirque, ou bien un week-end de loisirs avec une association du quartier...

Dans tous les domaines, les rêves des parents doivent aussi se confronter à l'épreuve du réel. Un enfant maladroit et fragile physiquement que ses parents voudraient sportif de compétition sera découragé par un projet de ce type et aura tendance à se déprécier. Si ses parents veulent l'aider à se dépasser et à se sentir à l'aise dans son corps, il vaudra sans doute mieux choisir avec lui une activité physique qui lui plaira et qu'il pratiquera à son rythme. Encouragé par une expérience qui se sera bien passée, l'enfant aura probablement envie d'en tenter d'autres et, à chaque marche gravie, il se sentira un peu plus confiant en lui-même.

□ Agir contre lui

Paradoxalement, il n'y a pas que des attitudes encourageantes et stimulantes à développer entre parents et enfant autour de cette question de l'affirmation de soi. Il convient aussi de ne pas tomber dans les pièges de la passivité de l'enfant, en l'aidant à renoncer aux avantages plus ou moins conscients que peut lui procurer sa timidité.

Dire non à ses attitudes de repli

C'est un fait, on sanctionne plus spontanément un enfant turbulent, sur qui les remarques pleuvent, qu'un enfant timide, réputé « sage ». Mais attention à ne pas laisser passer des comportements néfastes pour lui.

Il est entendu qu'il faut respecter la personnalité d'un enfant, tolérer sa réserve et sa discrétion même si l'on rêve d'un garçon bouillonnant ou d'une fille intrépide. Mais, pour autant, la vigilance parentale doit s'exercer sur des attitudes de retrait trop extrêmes.

> Anne-Laure, 9 ans, ne sortirait jamais de chez elle si on la laissait faire, sauf pour aller à l'école, mais là, il n'y a pas le choix ! Elle reste dans sa chambre, dans sa bulle, ne reçoit pas d'amies, et n'a aucune activité de loisir à l'extérieur. Ses parents, certes, s'inquiètent un peu de ce tempérament casanier, mais c'est une fillette calme et qui ne dérange personne.
> Seulement, un séjour en classe verte est prévu à l'école, et cela crée une véritable panique chez Anne-Laure ! En matière de vie relationnelle, elle manque d'entraînement...

Dans le même ordre d'idées, les enseignants signalent de plus en plus souvent aux parents les enfants qui restent systématiquement seuls dans la cour de récréation, sans vraiment jouer. Il est effectivement utile de repérer ces comportements afin de les faire évoluer. Surtout s'ils sont associés à une attitude peu confiante dans d'autres domaines. C'est une occasion pour les parents d'aborder la timidité avec leur enfant, et d'envisager avec lui les moyens de l'atténuer. Parfois, ces échanges sont salutaires car l'enfant n'a pas réellement conscience du caractère de retrait de ses comportements, qu'il trouve normaux. Dans d'autres cas, il ne formulera pas de souffrance à être toujours seul et à ne pas oser se mêler aux autres. Mais il sera soulagé que des adultes soient attentifs à lui, et pourra profiter de l'occasion pour exprimer sa difficulté à s'affirmer.

Refuser ses stratégies d'évitement

Un enfant timide trouve de nombreux moyens pour ne pas être confronté à ce qui le met mal à l'aise, de manière généralement efficace. C'est le rôle des parents que de contrer ces manœuvres d'évitement, car, s'ils laissent l'enfant développer ces stratégies d'évitement social, il va avoir de moins en moins de contacts avec les autres et renforcer ses peurs.

Dans un premier temps, il convient de repérer la manière dont fonctionne l'enfant par rapport à ce qui le met mal à l'aise. Ensuite, il faut lui signaler que l'on a constaté ses réactions et lui dire qu'il réagit sans doute ainsi parce qu'il est intimidé. Qu'il soit d'accord ou pas, il s'agit ensuite de déjouer ses stratégies, en douceur.

Il veut inviter un copain chez lui ? C'est lui qui lui téléphone, pas vous... Il aimerait changer de groupe de natation ? À lui d'en parler directement avec le prof. Évitez de le faire pour lui.

Parfois, l'évitement est plus discret. Par exemple, il se dit nul en sport pour ne pas se confronter physiquement aux autres. Ou encore, elle refuse d'aller à la plage sous prétexte qu'il fait trop chaud, mais c'est surtout pour ne pas s'exposer en maillot de bain au regard des autres.

Joanne, 11 ans, a toujours une bonne raison pour éviter de prendre le bus pour rentrer du collège : elle s'est fait mal à la jambe, il fait froid et le bus est toujours en retard, son sac est lourd et elle a failli se faire coincer dans la porte quand elle montait dans le bus... Bref, elle préfère que son père vienne la chercher en voiture. En réalité, derrière les inconvénients évoqués, il y a une grande peur. Elle vit un sentiment d'insécurité, alors qu'il n'y a pas de risque et, par refus de s'assumer, elle développe une exigence de prise en charge par ses parents.

Ici, dire non à ses manœuvres d'évitement, c'est aider Joanne à s'affirmer dans une situation sans danger et facile à encadrer.

Les refus de l'enfant timide sont toujours à examiner avec attention. Bien sûr, il y a de vrais « non », qui correspondent à des motivations acceptables. Là, il est capital de respecter son choix. Mais d'autres fois, l'inhibition prend le pas sur le désir. C'est là qu'il faut, avec tact mais fermement, faire comprendre à l'enfant que l'on n'entrera pas dans son jeu.

Lorsqu'il acceptera de s'exposer un peu, il sera plus à même de constater qu'il ne lui arrive rien d'effrayant. Ainsi, une fois la première tension dépassée, son anxiété tendra à diminuer. Et l'effet inhibant disparu, il se sentira d'autant plus confiant et plus fort qu'il aura vaincu sa peur.

Ne pas récompenser les attitudes de soumission

Même si dans certaines familles, voire certaines cultures, la discrétion est une valeur à encourager, un enfant en mal d'affirmation est souvent un enfant qui ressent un mal-être. Si on valorise ses attitudes de réserve, il risque de se sentir conforté dans l'idée qu'il ne doit pas faire preuve d'audace.

Quand on veut aider son enfant à sortir de sa coquille, il

est déconseillé d'encourager sa soumission. Sur le plan strictement éducatif, ce n'est pas si facile, car un enfant timide est parfois plus reposant à gérer qu'un turbulent actif. Il arrive que, sous la pression de la fatigue par exemple, on se laisse aisément aller à ce genre de remarque : « Tu es si sage, toi ! Ce n'est pas comme ton frère qui remue tout le temps ! », ou bien : « Ah, c'est bien agréable un enfant qui ne parle pas trop à table, cela nous laisse du temps entre nous », ou encore : « Tu es si tranquille, au moins tu ne fatigues pas maman », et, bien sûr : « Toi, tu es gentil, tu restes avec maman, au moins ! »

Devant un enfant qui peine à s'affirmer, mieux vaudrait s'abstenir de ce genre de messages. Ces paroles ne font que conforter l'enfant dans ses attitudes. Comment en effet avoir envie de s'affirmer si cela doit causer du souci à ses parents ou les déranger ? Ils risqueraient de ne plus l'aimer !

Avouons-le, on n'a pas toujours envie d'aller chercher un enfant qui reste tranquillement dans son coin, on ne va pas lui donner des idées d'activités qui supposeraient une surveillance mobilisante ou une fatigue supplémentaire... Pourtant, face à un enfant peu audacieux, il convient d'encourager la moindre initiative. Il est important de repérer un comportement qui devient plus actif, des désirs de communication plus forts. Tout ce qui va vers un plus grand sens de l'autonomie se doit d'être vigoureusement soutenu ! Si l'enfant manifeste une compétence nouvelle, les encouragements francs sont bienvenus.

□ Accepter le changement

Renoncer à la soumission de l'enfant, c'est aussi accepter de relativiser l'impact que l'on a sur lui et lâcher un peu du côté de la maîtrise parentale. Ce n'est pas toujours simple, surtout si on a derrière soi une dizaine d'années de relation parents/enfants d'un tout autre genre !

Aider son enfant à s'affirmer, c'est se faire à l'idée qu'il va devenir un peu une nouvelle personne, à laquelle il faudra s'adapter. Et là encore, il est parfois plus commode de se confronter à un enfant effacé que d'affronter une personnalité qui s'affirme beaucoup plus nettement.

Parfois, cette évolution se fait naturellement... C'est souvent à l'occasion de la préadolescence que les parents découvrent un nouvel enfant. Poussé par les modifications de son corps, il se dévoile, il lui prend des envie d'autonomie. Et comme il étouffe un peu dans le cadre devenu étroit des repères de son enfance, il le dit ! Alors les parents s'étonnent et s'agacent parfois. D'où sortent ces nouvelles manies, ces sautes d'humeur et cette envie de sortir davantage, à des horaires inhabituels ? Au-delà de la bousculade qu'ils provoquent, ces changements peuvent être accueillis et transformés en une vraie affirmation de soi, par construction et non uniquement par opposition.

Parfois, la nature n'aide pas, au contraire. Et l'enfant, déjà peu audacieux, va se replier encore plus vers 12 ou 13 ans. Dans ce cas, il est important de l'aider, et ses parents devront lui faire savoir qu'ils acceptent son changement : oui, il peut lâcher sa peau de timide et s'élancer sans crainte vers le monde. Cela suppose d'être capable de faire le deuil de cet enfant timide auquel il a été si facile de s'habituer !

S'affirmer au-dehors

La manière dont un enfant se comporte à l'extérieur dépend en grande partie des repères acquis en famille. Mais pas seulement. En effet, il sera compliqué pour lui de bien s'en sortir s'il n'a pas fait d'expériences concrètes du « dehors » et acquis l'essentiel des codes de vie en société.

□ Échanges et règles sociales

Importance et limites de la vie collective

Pour s'affirmer complètement, un enfant doit évoluer de manière harmonieuse en famille, mais il a aussi fondamentalement besoin d'échanger avec les autres, et ce dès le plus jeune âge.

Au fur et à mesure qu'il grandit, la place de l'environnement est de plus en plus importante pour son assise personnelle. Pour un bébé, le monde tourne autour de sa mère et sa présence suffit à le rassurer. Mais cela n'est plus assez dès que l'enfant devient un petit « être social ».

Le point de départ de la cellule familiale va lui permettre d'aller vers l'extérieur de manière plus confiante. Cependant, les relations qu'il va tisser avec les autres vont aussi constituer un important point de repère pour l'estime de soi. Si ces échanges sociaux sont de bonne qualité, ils entraîneront naturellement la possibilité de s'affirmer hors de chez soi.

Pour certains enfants, ces premiers échanges sont trop durs. Soit parce qu'ils sont trop précoces, ou insuffisamment accompagnés, soit parce que le sentiment de sécurité interne n'est pas assez établi.

> Aymeric, 2 ans, manifeste beaucoup de peurs et se tient à l'écart de manière craintive à la crèche collective. Arrivé il y a deux mois, il ne semble toujours pas avoir pris ses marques. L'entrée dans la structure s'est faite dans l'urgence, au milieu d'une situation familiale critique. En effet, une maladie soudaine de la grand-mère qui gardait l'enfant a nécessité un placement rapide dans un système de garde extérieure. Il n'a pas été possible d'adapter progressive-

ment Aymeric à la crèche, à cause des obligations professionnelles des parents.
Aymeric a sans doute mal vécu la séparation d'avec sa mamie. Par ailleurs, son père est particulièrement déprimé depuis la maladie de sa propre mère, ce qui inquiète probablement le petit garçon. Après réflexion, l'équipe de crèche proposera à la famille de placer l'enfant chez une assistante maternelle. La relation à la nounou ressemblera davantage à ce qu'Aymeric a connu avec sa grand-mère. Il y aura moins d'enfants, ce qui pourra lui permettre d'aborder plus posément les relations aux autres.

Attention à ne pas idéaliser le mode de garde collectif pour les petits enfants... Certes, pour la plupart, cela constitue un univers stimulant. Mais d'autres peuvent ressentir violemment cette immersion forcée. Au lieu de se construire et de s'affirmer dans la communauté, ils vont se replier sur eux ou développer des comportements agressifs de protection. Ce qui est à l'opposé du but recherché !

L'origine familiale de l'ancrage social

C'est bien sûr grâce à l'amour reçu dans sa famille que l'enfant développe un sentiment de valeur personnelle. Pour s'affirmer plus tard dans un groupe, à l'école par exemple, il faudra qu'il puisse éprouver un sentiment d'appartenance. Or celui-ci va s'établir sur le modèle de la cohésion familiale. De fait, c'est essentiellement la qualité des liens entre parents et enfants qui va lui fournir le carburant nécessaire pour investir ailleurs.

On le voit, la sensibilisation à la vie sociale se fait d'abord dans le contexte de la famille. L'enfant y apprend à communiquer, à défendre son point de vue, à développer des idées. C'est avec ses parents qu'il expérimente la notion de règles, qu'il commence à prendre des responsabilités. C'est bien la famille qui constitue le modèle pour les relations extérieures à venir. Et plus les expériences seront diverses et accompagnées d'échanges, plus l'enfant aura de munitions pour affronter les relations extérieures.

L'abandon d'une position égocentrique

Un enfant qui conserve au-delà de ses toutes premières années une tendance à tout ramener à lui sans tenir compte de l'existence des autres devient vite difficile à vivre. Souvent, il rencontre des problèmes dans les groupes où il évolue. Ainsi, il peut facilement devenir un « enfant tyran ». Cela donne parfois à tort l'impression qu'il a un caractère fort. Or c'est une image fausse : qui dit centration sur soi dit incapacité à assumer des relations avec d'autres.

On remarque qu'un enfant égocentrique a souvent vécu difficilement des relations fraternelles. Peut-être que ses parents, un peu utopistes, pensaient que le partage irait de soi... La vie sociale ne fait que reproduire pour lui des situations déjà vécues en famille sur le mode de l'insécurité. Cela ne favorise pas l'ouverture au groupe !

Initiation à l'ouverture en famille

Il y a de nombreuses possibilités d'ouverture en famille. Citons, par exemple, l'initiation aux échanges, la distribution des rôles, la découverte des principes de justice et de générosité.

Pour favoriser une bonne adhésion à ces grandes lignes, on peut solliciter très tôt l'enfant afin qu'il participe à sa mesure aux activités de la maison. Par ce biais, il s'insère dans le groupe familial. Il ne se vivra pas comme un élément isolé à côté d'autres individus que sont père et mère, frères et sœurs. C'est ainsi qu'il prendra conscience qu'il peut rester lui-même tout en évoluant dans un groupe. Cela lui permettra de se sentir en confiance lorsqu'il sera, ultérieurement ou parallèlement, confronté à d'autres milieux.

La découverte des groupes

Bien sûr, le groupe familial dans lequel évolue l'enfant est le groupe fondamental. Mais il lui faudra aussi se confronter à d'autres dans des contextes variés, et pas seulement imposés socialement comme l'école.

L'habileté sociale n'est pas innée, c'est une compétence qui s'acquiert par l'expérience. Un enfant qui ne sort pas de chez lui, sauf pour les moments « obligés », n'a pas l'occasion de se mesurer suffisamment à des situations d'échanges. Il se trouve vite invalidé dans un groupe. Et, comme il ne sait pas faire, très vite il ne veut plus faire... En revanche, lui proposer différents temps d'échange, en fonction de son âge et de ses goûts, permet de développer son affirmation sociale.

Si un enfant manifeste une vive réticence à s'ouvrir à d'autres cercles d'amis, il convient, pour y remédier, d'en cerner le pourquoi : a-t-il du mal à partager, peur de perdre ce qu'il apporte ? est-il ennuyé car il ne peut pas être tout le temps le chef ? s'agit-il d'une gêne, d'une timidité, d'une vraie difficulté à prendre sa place parmi les autres ? Mais aussi : l'insertion dans le groupe s'est-elle faite au bon moment, dans le bon groupe, avec la durée qui convient ?

□ Affirmation de soi et performances scolaires

L'école est le domaine social de choix pour l'enfant, sa capacité à oser va souvent y être stigmatisée. On s'en doute, l'affirmation de soi et les performances scolaires entretiennent des rapports étroits. L'une conditionne les autres, et inversement. Le terrain est donc miné, et une fragile affirmation de soi peut facilement diminuer les performances scolaires.

Deux éléments sont capitaux pour développer l'affirmation de soi dans le domaine scolaire : la capacité d'autonomie et l'envie de « risquer ». L'enfant timide est vite bloqué dans l'un ou l'autre champ et, par conséquent, se limite dans ses performances.

Le développement d'un esprit critique

Un esprit critique aide beaucoup l'enfant à s'affirmer à l'école. En effet, il lui permet d'agir sans requérir automatiquement une approbation extérieure. En outre, il le laisse sensible à l'avis des autres, mais sans en dépendre. Plus son indépendance d'esprit sera développée, plus son audace suivra.

Pour aider un enfant sur ce plan-là, il faut pouvoir le laisser développer ce fameux esprit critique en famille. Eh oui, il a besoin de s'entraîner à la maison ! Si dans ce cadre rassurant l'enfant se sent la possibilité de ne pas être d'accord et de dire pourquoi, il pourra le faire aussi dans un autre contexte.

Bien sûr, il ne s'agit pas d'en faire un opposant systématique. Mais savoir poser sa pensée et développer des idées personnelles lui permettra d'avoir confiance en lui. Si on distingue bien sa pensée de l'avis des autres, on peut installer sa propre identité.

L'apprentissage de l'audace

Bien souvent, le timide « n'ose pas ». Il hésite avant de parler, doute au moment de se lancer pour répondre. À plus forte raison s'il y a un enjeu de performance et de réussite. Alors, oui, l'école est un lieu inhibant pour lui, par définition ! Dans ce cas, faire oser un enfant, c'est, classiquement, le stimuler pour qu'il prenne plus la parole en classe, qu'il domine son appréhension face au groupe.

Cependant, l'inhibition a d'autres manifestations, moins lisibles car se mélangeant aux comportements scolaires acceptés, mais tout aussi opérantes. Ainsi en va-t-il du perfectionnisme, de la « maniaquerie » et autres obsessions du

« parfait sinon rien ». Ce sont d'excellents déguisements d'un manque d'affirmation de soi.

Tâche complexe : il convient de débusquer les freins au développement de soi que constituent ces attitudes. On peut expliquer à son enfant qu'il a le droit de répondre au professeur, même et surtout quand il n'est pas sûr de la réponse. Ah bon ? Et même quand il ne maîtrise pas entièrement un sujet, il peut accepter de terminer un exercice de manière imparfaite.

Ensuite, autre étape importante, l'enfant doit intégrer l'idée que se tromper en partie dans un domaine, voire complètement, ne le remet pas en cause personnellement. Plus il aura expérimenté le fait de se tromper, plus il sera habitué à ces écarts par rapport à la réussite, et moins il en sera touché.

Et puis, en tant que parents, nous pouvons aussi éclairer notre enfant en lui expliquant que nous avons nos propres failles, inévitables, qui n'excluent pas des domaines de compétence. Tant pis pour notre amour-propre !

Dissocier l'enfant de l'élève

On ne répétera jamais assez qu'il faut dissocier l'enfant de l'élève. Car beaucoup d'enfants, lors du passage en CP, ou en 6e, deviennent des élèves pour leurs parents et semblent être réduits à cela. Dès lors, discussions et échanges sont centrés sur l'école. Loisirs et autorisations de sortie ne dépendent plus que des résultats scolaires. Et même l'affection des parents, ou en tout cas leur bonne disposition vis-à-vis de leur enfant, paraît parfois conditionnée par les performances scolaires.

Contrairement à ce que pensent certains, cette attitude parentale n'est pas très motivante et ne contribue pas à mettre en place une vraie affirmation de soi en classe. Pris constamment pour un élève, l'enfant se pense nul en totalité lorsqu'il rate un contrôle.

En poussant un peu le paradoxe, on pourrait aller jusqu'à dire qu'un enfant en échec scolaire devrait avoir davantage de gratifications à la maison que celui qui réussit. En effet, comment avoir envie d'exister si on accumule les mauvaises notes à l'école, les disputes à la maison, les interdictions de sortie et les privations de loisirs ? Bien sûr, il n'est pas question de récompenser ouvertement un manque de travail manifeste ou une attitude scolaire déviante. Mais il est intéressant de s'y arrêter pour les analyser.

Pensons-y : un enfant qui échoue parce qu'il n'a pas compris, parce qu'il est stressé par le temps limité du contrôle ou qu'il s'organise mal dans ses révisions, ou encore parce qu'il est affreusement étourdi, mériterait peut-être bien quelques mots gentils ! Pourquoi ne pas récompenser par ailleurs, histoire de se détendre et de constater qu'on l'aime toujours comme enfant, cet élève en difficulté ?

Laisser l'enfant être lui-même

Bien évidemment, de nombreux parents rêvent d'un enfant performant scolairement, accumulant les résultats brillants et les louanges des professeurs sur sa bonne participation à l'oral.

Lorsque ces attentes sont excessives, elles correspondent généralement à deux types de vécu personnel du côté des parents. D'une part, il y a ceux qui ont un passé scolaire excellent et veulent absolument un enfant à leur image. Ceux-là ne supportent pas l'atteinte à la fierté parentale que représenterait un enfant moyennement performant. D'autre part, on trouve des parents qui n'ont pas fait de bonnes études et ne l'ont jamais complètement assumé. Alors, ils attendent de leur enfant une réparation de leurs propres mauvaises notes d'antan. Pour couronner le tout, une assurance scolaire qu'il n'ont jamais eue est censée animer leur enfant.

Ces deux attitudes empêchent tout autant une existence sereine à l'école. Car l'envie d'apprendre et d'exister pour soi-même est très entamée par le narcissisme des parents. Le poids des projections parentales peut avoir un effet extrêmement inhibant et provoquer l'inverse du résultat attendu.

Anne, 38 ans, était une très bonne élève, studieuse et disciplinée, qui recueillait de bonnes appréciations à l'école. Son premier fils, Erwann, 10 ans, y est mal à l'aise, alors que son deuxième, Jon, 8 ans, lui correspond en tous points. Erwann insécurise sa mère par un comportement scolaire qu'elle ne comprend pas : il n'a pas envie d'apprendre, il a horreur de lire, il refuse de présenter un exposé, il range mal ses affaires... Ses résultats sont très irréguliers.
La consultation d'orthophonie proposée n'a pas signalé de dyslexie chez Erwann, mais plutôt un sérieux problème de confiance en soi. Ce qu'Anne a dû apprendre à faire, c'est à se distancier de son fils en lui accordant le droit de fonctionner différemment : pourquoi ne pas admettre ses manières de travailler s'il reste dans le cadre de ce qu'attend l'école ? Bref, elle a cessé de critiquer systématiquement sa façon de s'organiser. Et cela marche ! Peu à peu, Erwann progresse et obtient des résultats satisfaisants. En même temps, plus sa mère se rassure sur son compte, plus il se stabilise et s'investit à l'école. La lecture devient même une activité librement consentie, à condition qu'il choisisse ses livres.

Pour que des enfants s'affirment à l'école, il faut qu'ils soient en accord avec leur personnalité profonde et pas seulement qu'ils se sentent obligés de ressembler à ce que leurs parents attendent d'eux. Tant mieux si cette attente et la réalité de l'enfant coïncident ! Mais, en cas de divergence, priorité à la personne de l'enfant, à condition de rester en adéquation avec la réalité scolaire.

N'oublions pas qu'un enfant peut s'affirmer à l'école en

étant moyen. Ses priorités sont peut-être ailleurs... Et on peut garder une bonne estime de soi en tant que parent même si on n'a pas engendré un fils ou une fille qui collectionne les 20 sur 20 !

Il convient parfois de faire le deuil de l'enfant imaginaire, mais aussi de l'élève dont on a rêvé.

Lui apprendre à se protéger

Un enfant bien informé des risques réagira mieux s'il est confronté à une situation périlleuse à l'école, au stade, dans la rue... Faute de quoi, décontenancé parce qu'il rencontre une violence qu'il ne pouvait soupçonner et qu'il ne comprend pas, il peut devenir d'autant plus craintif. Après plusieurs expériences de ce type, on voit parfois se développer une vraie timidité sociale.

Sachant qu'un enfant averti réagit mieux face au danger, comment lui parler ? Le dosage de l'information n'est pas toujours facile à trouver. De nombreux parents évitent de mentionner les risques qui existent autour d'un enfant : ils pensent le protéger en le préservant d'une réalité. Même face à un enfant déjà grand, ils font l'autruche. Comme si les enlèvements, les actes pédophiles, le racket n'existaient pas. On sait pourtant malheureusement qu'un enfant peut être confronté à tout cela dans la rue, à l'école ou dans ses loisirs.

Bien sûr, il ne faut pas précipiter l'enfant dans la panique en lui décrivant un monde de cauchemar où des dangers le guettent à chaque instant, ce qui aboutirait à l'inverse du résultat escompté ! Mais mentionner ces violences extrêmes, tout en soulignant leur caractère heureusement rare, permet d'aborder avec l'enfant la question de son intégrité physique et psychique. Cela permet de réfléchir avec lui à la manière de se protéger en étant soi-même et en faisant appel à des personnes responsables.

On le voit, ce type d'échanges a beaucoup d'avantages. Tout d'abord, il conforte l'enfant dans l'idée qu'il est une personne à part entière avec des désirs et des droits qu'il peut affirmer. Ensuite, lui parler ainsi permet de le rassurer : il peut compter sur ses parents ou d'autres adultes pour le soutenir en cas de danger. Un enfant qui se sent exister avec des appuis solides a toutes les chances de développer son affirmation de soi face à une menace et de bien réagir.

Les outils extérieurs

□ Des activités à proposer

Amener un enfant timide à s'ouvrir sur le monde se fait dans un premier temps par l'échange en famille. Cependant, les activités extérieures que l'on peut lui proposer pour l'aider à s'affirmer sont parfois précieuses.

Rappelons toutefois, plus encore en ce qui concerne l'enfant en situation d'inhibition, que le forçage est inutile, voire néfaste. C'est pourquoi la pratique d'un loisir n'est intéressante que si elle est librement consentie, et non obligatoire.

Selon le profil de timidité, on ne conseillera pas la même occupation. Si l'enfant est surtout mal à l'aise corporellement ou a des manifestations de panique très marquées sur le plan somatique, les activités physiques sont à recommander. La danse, l'expression corporelle, la gymnastique rythmique ont une dimension libératoire par rapport au corps. Leur pratique entraîne souvent une autre perception de celui-ci, plus harmonieuse et plus assurée. La musique qui accompagne souvent les exercices joue aussi un rôle de mise en confiance, par l'intégration d'un rythme. Par ailleurs, il y a fréquemment, en fin de session, un spectacle auquel l'enfant est amené à participer. Cela ne va pas toujours de soi, mais son attitude peut évoluer entre le début et la fin des cours.

> Isabelle, 35 ans, professeur de danse pour les enfants, explique qu'au début, lorsqu'elle parle de la représentation de fin d'année, nombre de ses élèves disent en avoir très peur. Certains demandent même l'autorisation de ne pas y participer, paralysés de timidité. Mais, au fur et à mesure de l'avancée des cours, l'audace se libère et, finalement, rares sont ceux qui ne veulent pas être sur scène : ils se disputent même les premiers rôles. »

Les sports de face à face comme le ping-pong, le tennis, le badminton, le squash ou l'escrime sont intéressants quand la difficulté à s'affirmer passe par un manque de combativité. Surtout si l'agressivité d'autrui est particulièrement redoutée. Car, dans ces sports, pas d'échappatoire : l'affrontement, même ludique, est inévitable. Pas question, comme dans un sport collectif, de se dissimuler derrière un coéquipier. Ces sports « un contre un » permettent à l'enfant de développer une envie de vaincre l'autre et d'apprendre à recevoir les « coups » d'un adversaire.

Si c'est la difficulté d'intégration dans un groupe qui pose problème, là, au contraire, ce sont les sports d'équipe qu'il faut privilégier. En effet, ils peuvent améliorer le positionnement social de l'enfant. Football, basket-ball, hockey, handball, rugby, volley-ball et autres sports sont rassurants car structurants. Chacun doit tenir sa place, sinon le match est compromis, et les règles associées à la présence active d'un arbitre sont protectrices. De plus, la participation généralement forte de l'entraîneur développe un sentiment de sécurité. Enfin, l'appartenance à une équipe fait jouer les phénomènes habituels de dynamique de groupe, impliquant notamment la solidarité entre les joueurs. Ainsi encadré, un enfant un peu effacé peut retrouver ses marques, se situer dans un ensemble. La codification reconnue et acceptée de tous est sécurisante. Cela peut lui permettre ensuite d'être plus à l'aise dans des groupes moins structurés.

Autre pratique, les activités d'endurance sont tout indiquées pour les enfants facilement découragés. En cas de difficulté, ils ont tendance à laisser tomber très vite parce qu'ils ne croient pas en eux. Même si l'endurance est une activité qui ne paie qu'au bout d'un certain temps, elle peut être une bonne école pour développer la confiance en soi : c'est une activité dans laquelle il y a peu d'échecs manifestes et où l'on peut facilement progresser. Dans leur exercice, on est souvent seul et la mesure se fait par rapport à soi-même essentiellement. Comme le résultat ne dépend que de l'enfant, il peut vraiment considérer ses performances comme des victoires personnelles.

Parmi les sports d'endurance, le choix est vaste et dépend des goûts, bien sûr : course de fond, escalade, natation, randonnée... Par ailleurs, ces activités ont souvent une dimension de confrontation avec un élément naturel. Ce qui permet de mieux assimiler ses forces et ses limites, d'avoir des repères plus précis par rapport à soi, et donne une meilleure confiance en ses possibilités.

Sur un tout autre plan, les activités de création apportent une libération des tensions internes chez un enfant timide. À travers elles, il parvient à extérioriser de manière un peu distanciée ce qu'il aime et ce qu'il ressent. Ainsi, toutes les activités d'arts plastiques, de stylisme, les ateliers d'écriture ou de vidéo libèrent l'enfant du poids des conventions qui l'empêchent de s'exprimer par ailleurs. Elles sont particulièrement intéressantes pour les enfants essentiellement inhibés en classe, qui craignent de se tromper et ratent des contrôles par peur de la notation. Dans les activités créatives, il n'y a pas de bons ou de mauvais : chacun peut manifester son univers personnel.

L'enfant s'habitue à produire sans la crainte d'être mal évalué. Ainsi, il échappe un peu à la question de la notation qu'il vit cruellement par ailleurs. Et il expérimente que l'on peut se tromper et recommencer sans que le monde s'écroule. Quelle fierté d'être responsable d'une œuvre qui n'appartient qu'à soi, qui reflète ce qu'on était au moment de sa réalisation ! Réussir à créer restaure une image de soi parfois fragilisée par de mauvais résultats scolaires.

Un petit mot enfin sur les échanges avec les animaux, qui améliorent considérablement la confiance en soi et débloquent des timidités très enracinées. Est-ce le fait de se sentir responsable d'un être vivant, de prendre de l'assurance en le contrôlant, ou le corps-à-corps, le contact, qui rassure charnellement ?

Parmi ces activités, certaines, avec poneys ou chiens, sont répandues et faciles à pratiquer. Il y a aussi l'élevage de pigeons, les fermes pédagogiques, plus spécifiques mais originales.

L'équitation, l'agility, la nage avec des dauphins sont des activités tellement profitables sur le plan psychologique qu'elles font parfois même partie d'un programme psychothérapeutique dont elles constituent le noyau principal.

□ Des thérapies à essayer

Dans certains cas, la timidité devient vraiment une entrave. Elle peut représenter une souffrance bien réelle et entraîner des difficultés scolaires ou relationnelles aiguës. Des soins se révèlent alors nécessaires. Divers moyens psychothérapeutiques sont à la disposition des familles. Et, rappelons-le, aller consulter ne signifie pas que l'enfant soit anormal ou « fou », et cela ne dure pas forcément des années !

La psychothérapie analytique

Une des premières possibilités est la consultation en psychothérapie classique. Elle est vivement recommandée si la timidité affecte de manière globale la personnalité de l'enfant et l'inhibe massivement.

Cette approche par entretiens et jeux se réfère à la psychanalyse et peut amener l'enfant à éliminer les peurs occasionnant sa timidité. À travers les échanges avec un psychologue, il comprend mieux le pourquoi de ses inhibitions. Par ailleurs, un transfert s'établit avec le thérapeute, c'est-à-dire que l'ensemble des sentiments sont projetés sur ce qu'il représente. Cela permet entre autres à l'enfant de prendre de l'aplomb en expérimentant une relation à l'adulte différente de celles qu'il vit avec ses parents ou des professeurs.

Face à ce psychothérapeute bienveillant qui ne le juge pas et l'écoute, il peut retrouver sa dimension de sujet, devenir une personne avec des désirs acceptables car acceptés.

Les thérapies comportementales

D'autres méthodes existent, plus indiquées quand la timidité est relativement ponctuelle ou limitée à un domaine spécifique. Il s'agit des thérapies cognitives ou comportementales. Le thérapeute, ici, se centre davantage sur le symptôme ou le problème qui gâche la vie du timide.

Ensuite, un déconditionnement est mis en place. Il amène l'enfant à reconsidérer sous un angle moins impressionnant les situations qui l'inhibent, par le biais d'exercices de « désensibilisation ». Le jeune timide apprend ainsi à expérimenter concrètement, en partant du moins inquiétant pour aller jusqu'à ce qui le bloque le plus.

Le thérapeute est là pour aider l'enfant à réécrire ses scénarios et à se poser dans un autre rôle face aux événements, en renforçant le positif et en déconstruisant le négatif.

Les techniques corporelles

Autre technique, les thérapies corporelles. Celles-ci s'adressent tout d'abord aux enfants qui s'expriment difficilement par la parole. Elles sont également intéressantes pour ceux qui ont des manifestations corporelles particulièrement notables de leur timidité, comme des pertes de sensibilité, des rougeurs importantes, des troubles neurovégétatifs en situation de stress, etc.

Parmi ces thérapies, la relaxation psychothérapeutique permet une réappropriation de son corps. À travers différents ressentis physiques se développe une meilleure conscience de soi. Par ailleurs, le relâchement induit permet de résoudre les nœuds émotionnels inscrits corporellement.

Citons aussi la sophrologie, très efficace sur les blocages scolaires. Elle fait travailler l'enfant sur la visualisation des situations inhibantes afin qu'il les affronte mieux. Et puis, par l'aspect relaxation, s'opère également une action de détente physique globale.

Les thérapies de groupe

Les soins par le biais d'un groupe sont encore très peu développés en France, en particulier pour les troubles « mineurs » comme le manque de confiance en soi.

Certains centres médico-psycho-pédagogiques proposent toutefois des séances de psychodrame de groupe. Comme pour les psychothérapies analytiques, ils sont prioritairement réservés aux inhibitions globales de la personnalité. Leur principe est de faire rejouer des situations de vie difficiles en distribuant des rôles entre l'enfant et les thérapeutes. Ainsi, par le biais du jeu, se fait une prise de conscience de ce qui est angoissant, pour que l'enfant s'en distancie mieux dans la réalité.

Moins spécialisés, des groupes de parole, sur le modèle

nord-américain, commencent à exister à l'initiative de certains psychothérapeutes, en ville ou en institution. Leur principe est de regrouper des enfants concernés par les mêmes problèmes pour les faire parler. Soutenus par un groupe où tout le monde est un peu pareil, ils abordent les difficultés de leur vie affective ou sociale. Il s'agit d'un partage d'expériences, encadré et analysé par un psychothérapeute ou un éducateur. La visée est essentiellement libératoire, bien que certaines solutions individuelles puissent être proposées.

Les stages de développement personnel

À l'image de ceux proposés pour les adultes en entreprise, certains organismes de cours de soutien se lancent sur ce créneau. Ils proposent d'améliorer la confiance en soi, le mode d'expression à l'oral ou encore la résolution de situations conflictuelles. Leur efficacité est difficile à mesurer. Mais pourquoi pas, pour préparer une session d'examens ? Ces stages ont le mérite d'explorer un secteur qui, curieusement, est encore presque exclusivement réservé aux adultes. Comme si les complexités du développement de soi n'existaient pas jusqu'à l'entrée dans la vie professionnelle...

Conclusion

Réfléchir sur la timidité, c'est souvent soulever un coin de rideau sur bien des secrets de l'enfance. Et, malgré le dicton qui nous souffle : « Pour vivre heureux, vivons cachés », force est de constater que les inhibitions gâchent la vie des enfants plutôt qu'elles ne la protègent !

Les croyances et les traditions ont encore parfois la vie dure... Il n'y a pas si longtemps que le fait d'être effacée, pour une fille, ne constitue plus une qualité, mais apparaît comme un souci.

Combien d'enfants timides sont passés inaperçus en classe, leur souffrance ignorée, leur malaise camouflé derrière la devanture de l'enfant « sage comme une image » ? Mais une image, cela ne vit pas, ce n'est pas dans la réalité de l'existence ! Alors, ceux qui ont du mal avec l'affirmation de soi, il faut parfois aller les chercher, car ce n'est pas leur genre de se faire remarquer.

En cette époque où il convient d'être « battant » et « audacieux », il s'agit de rester à l'écoute de son enfant et de ne pas chercher à le transformer à tout prix à l'opposé de ce qu'il est. L'aider à dépasser ses inhibitions, certes, mais aussi savoir accepter ses hésitations et parfois la réserve qu'il choisit d'avoir sur lui-même.

La timidité est aussi, veillons-y, une affaire de paradoxe.

Les plus timides ne sont pas toujours ceux que l'on pense et l'affirmation de soi passe parfois par des chemins discrets, mais efficaces. Il est des enfants calmes, très sereins et confiants en leurs possibilités, et des petits agités forts en parole, mais bien fragiles du côté de l'ego !

Souvent, l'enfant timide nous déstabilise, sans le vouloir vraiment. Qui est-il, derrière son mur de silence ? Qu'est-ce qu'il veut ? Et si le timide était un résistant qui s'ignore...

Il vient, sans en avoir l'air, toucher du doigt nos propres faiblesses, nos fragilités, rappeler l'incertitude de ces moments d'enfance où nous nous sentions en perdition, que nous avons tous au fond de nous.

Nous sommes aujourd'hui, même adultes assumés, en devenir d'affirmation pour toute notre vie. Et c'est tant mieux.

Bibliographie

Les ouvrages marqués d'un astérisque sont d'accès « grand public ».

Brazelton T., *Écoutez votre enfant*, Payot, 1985*.

Bowlby J., *L'Attachement*, PUF, 1978.

David M., *L'Enfant de 2 à 6 ans*, Dunod, 1997*.

Dolto F., *Les Étapes majeures de l'enfance*, Gallimard, 1994*.

Forward S., *Parents toxiques*, Stock, 1989*.

Freud A., *Le Moi et les Mécanismes de défense*, P.U.F., 1969.

Freud S., *Inhibition, symptôme et angoisse*, P.U.F., 1971.

Kreisler L., Fain M., Soulé M., *L'Enfant et son corps*, P.U.F., 1974.

Lebovici S., Soulé M., *La Connaissance de l'enfant par la psychanalyse*, P.U.F., 1972.

Lempert B., *Les Violences de l'école*, Audijuris éditions, 1997*.

Piaget J., *Six études de psychologie*, P.U.F.,

Schuler E., *L'Assertivité*, Éditions Morisset Essentialis, 1996*.

Spitz R., *De la naissance à la parole, la première année de la vie*, P.U.F., 1968.

Winnicott D.W., *L'Enfant et sa famille*, Payot, 1971*.

Pour les enfants à partir de 9 ans et les adolescents

Lanchon A., *Pour en finir avec vos complexes*, Éditions La Martinière, 2003.

Rigon E., Baussier S., *Comment survivre quand on se trouve nul ?*, Albin Michel Jeunesse, 2004.

Table

DU MÊME AUTEUR

La Propreté,
coll. « La Vie de famille », Bayard, 1999.

Le Désordre,
coll. « La Vie de famille », Bayard, 1999.

Papa, Maman, j'y arriverai jamais !,
Comment l'estime de soi vient à l'enfant,
coll. « Questions de parents », Albin Michel, 2001.

Comment survivre quand on est une fille
(avec Bernadette Costa-Prades),
Albin Michel, 2003.

Comment survivre quand on se trouve nul
(avec Sylvie Gaussier),
Albin Michel, 2004.

Je rassure mon bébé
(avec Marie Auffret-Pericone),
coll. « C'est la vie aussi », Albin Michel, 2004.

DANS LA MÊME COLLECTION

Intelligent mais peut mieux faire
Jean-Luc AUBERT

Quels repères donner à nos enfants dans un monde déboussolé ?
Jean-Luc AUBERT

Du berceau à l'école – Les chemins de la réussite
Jean-Luc AUBERT

Mes parents se séparent – Je me sens perdu
Maurice BERGER et Isabelle GRAVILLON

Sectes, gourous, etc. – Éviter aux ados de se laisser piéger
Dominique BITON

Petite terreur ou souffre-douleur – La violence dans la vie de l'enfant
Stéphane BOURCET et Yves TYRODE

Petits tracas et gros soucis de 1 à 7 ans – Quoi dire, quoi faire
Christine BRUNET et Anne-Cécile SARFATI

Une famille, ça s'invente – Les atouts des parents, les atouts des enfants
Hélène BRUNSCHWIG

Papa, Maman, laissez-moi le temps de rêver !
Etty BUZYN

Me débrouiller, oui, mais pas tout seul !
Etty BUZYN

La mort pour de faux et la mort pour de vrai
Dana CASTRO

Il a du mal à l'école – Un peu, beaucoup, trop... comment l'aider
Brigitte CHEVALIER

Séparons-nous... mais protégeons nos enfants
Stéphane CLERGET

Vos enfants ne sont pas des grandes personnes
Béatrice COPPER-ROYER

Peur du loup, peur de tout – Petites peurs, angoisses, phobies de l'enfant et de l'adolescent
Béatrice COPPER-ROYER

Doué, surdoué, précoce – L'enfant prometteur et l'école
Sophie CÔTE

Psy ou pas psy ? – Quand et qui consulter
Dr Patrick DELAROCHE

Adolescence à problèmes – Comprendre vos enfants pour les aider
Dr Patrick DELAROCHE

Doit-on céder aux adolescents ?
Dr Patrick DELAROCHE

Parents, osez dire non !
Dr Patrick DELAROCHE

Oser être mère au foyer
Marie-Pascale DELPLANCQ-NOBÉCOURT

Parents de cœur – Comprendre l'enfant adopté
Sherrie ELDRIDGE

Blessures d'enfance – Les dire, les comprendre, les dépasser
Nicole FABRE

J'aime pas me séparer – Toutes les séparations dans la vie de l'enfant
Nicole FABRE

Amour, enfant, boulot... comment sortir la tête de l'eau
Anne GATECEL et Carole RENUCCI

Les mères qui travaillent sont-elles coupables ?
Sylviane GIAMPINO

Il était une fois le bon Dieu, le Père Noël et les fées – L'enfant et la croyance
Dominique GOBERT

Papa, Maman, on m'a traité de gros
Élisabeth LESNE

Tracas d'ados, soucis de parents
Pr Daniel MARCELLI et Guillemette de LA BORIE

Tu ne seras pas accro, mon fils ! – Peut-on éviter à nos enfants de devenir dépendants ?
Dr Jean-Claude MATYSIAK

Mon enfant me dévore
Lyliane NEMET-PIER

L'Enfant unique – Atouts et pièges
Carl E. PICKHARDT

J'suis pas motivé, je ne fais pas exprès
Brigitte PROT

Papa, Maman, j'y arriverai jamais ! – Comment l'estime de soi vient à l'enfant
Emmanuelle RIGON

Pourquoi pleurent-ils ? – Comprendre le développement de l'enfant, de la naissance à 1 an
Hetty van de RIJT et Frans X. PLOOIJ

Aidez-moi à trouver mes marques ! – Les repères du tout-petit
Michael ROHR

Toutes les questions que vous vous posez sur l'école maternelle
Nicole du SAUSSOIS

Les Risques de l'adolescence
Gérard SÉVÉRIN

Crèches, nounous et Cie – Modes de garde, mode d'emploi
Anne WAGNER et Jacqueline TARKIEL

Hors collection

Petites histoires pour devenir grand 1 – À lire le soir pour aborder avec l'enfant ses peurs, ses tracas, ses questions
Sophie CARQUAIN

Petites histoires pour devenir grand 2 – Des contes pour leur apprendre à bien s'occuper d'eux
Sophie CARQUAIN

Composition IGS
Impression : Imprimerie Floch, septembre 2005
Éditions Albin Michel
22, rue Huyghens, 75014 Paris
www.albin-michel.fr
ISBN : 2-226-15762-X
ISSN : 1275-4390
N° d'édition : 23683. – N° d'impression : 63693
Dépôt légal : octobre 2005
Imprimé en France